孩子的
时间管理课

郑红山　江艳丽　著

青岛出版集团 | 青岛出版社

图书在版编目（CIP）数据

孩子的时间管理课／郑红山，江艳丽著 . — 青岛：
青岛出版社，2023.10

ISBN 978-7-5736-1446-9

Ⅰ . ①孩… Ⅱ . ①郑… ②江… Ⅲ . ①时间 – 管理 –
儿童读物 Ⅳ . ① C935-49

中国国家版本馆 CIP 数据核字（2023）第 157645 号

书　　名	**孩子的时间管理课** HAIZI DE SHIJIAN GUANLIKE	
著　　者	郑红山　　江艳丽	
出版发行	青岛出版社	
社　　址	青岛市崂山区海尔路 182 号（266061）	
本社网址	http : //www.qdpub.com	
邮购电话	0532-68068091	
策划编辑	尹红侠	
责任编辑	赵慧慧	
封面设计	祝玉华	
照　　排	青岛乐喜力科技发展有限公司	
印　　刷	青岛双星华信印刷有限公司	
出版日期	2023 年 10 月第 1 版　2023 年 10 月第 1 次印刷	
开　　本	16 开（710mm×1000mm）	
印　　张	16.5	
字　　数	260 千	
书　　号	ISBN 978-7-5736-1446-9	
定　　价	49.80 元	

编校印装质量、盗版监督服务电话：4006532017　0532-68068050

儿童教育应有的样子

　　作为教学论研究者，我一直都很关注学校课堂教学的真实状态。我发现，学业成绩优异的学生普遍具有较强的自我管理意识与自主学习能力。这种自我管理意识与自主学习能力是如何形成的呢？

　　在新一轮基础教育课程改革的时代背景下，核心素养导向的课堂教学必然发生由"教为中心"向"学为中心"的转变。我认为"学为中心"的核心要义是学生通过教师教导实现自主学习。如果将这个概念延伸到课堂之外，那么有效的家庭教育应该是孩子通过家长教导实现自主成长。这句话有两层含义：一是孩子的成长始终要靠孩子自己；二是不可轻视或忽视家长的教导作用。正如怀特海所说："在教育的开始和结束阶段，主要的特征是自由，但是中间会有自由居于次要地位的训练阶段。"孩子需要自由生长，也需要家长的引导和训练。

　　如果一个家庭信奉的是一种既注重引导又尊重天性的教育理念，这个家庭的孩子就很可能既具有很强的行动力，又具有较强的内驱力。换言之，这个家庭的孩子既能在当下拥有较好的学业表现，又能在未来拥有充足的发展后劲。这是急功近利的教育理念无法培养出来的。急功近利的教育理念有可能让孩子在当下获得好成绩，但好成绩的背后是家长的严厉管束与孩子的被动成长，孩子缺乏自我规划的意识。

教育孩子的目的，不是让孩子始终依赖家长，而是帮助孩子走上自我发展之路，成为一个积极且幸福的终身学习者。遗憾的是，一些家长并不具备这样的理念，他们焦虑，甚至恐慌，在育儿的路上狂飙，期待自己的孩子能在未来赢得一席之地。然而，据我观察，那些没有自我驱动、自主规划、自我管理意识的孩子，到了初中、高中以后，无论怎么被家长激励，学习成绩也多半不理想。

我认真阅读了这本书，发现这本书与其说是儿童时间管理课，不如说是作者与家长、孩子共同参与的以时间管理为主题的亲子成长活动。家长通过培养孩子的时间管理能力，从而培养孩子自主规划、自我管理、自主学习的意识与能力。这本书里有作者对家长深切的理解与共情，也有改善亲子关系、更新教育理念、培养孩子时间管理能力的具体策略。

这本书虽然以"孩子的时间管理课"命名，但其内涵已超越时间管理的范畴。时间管理在这里成了家长与孩子共同成长的工具与载体，最终指向的是提升家长的育儿能力，为孩子奠定终身发展的基础。家长摆脱"内卷"的旋涡，用尊重儿童天性的教育理念和方法，关注儿童的身心健康和终身发展，帮助儿童充分发挥才智和释放潜能，让儿童成为更好的自己，这才是儿童教育应有的样子。

陈佑清

2023 年 8 月

有温度的时间

滴答，滴答！

世上再没有比时钟更加冷漠的东西了：在您出生的那一刻，在您尽情地摘取青春幻梦的花朵的时刻，它都是同样分秒不差地滴答着。人自生下那天起就一天天地接近死亡。而到了您在临终前喑哑地呻吟着的时候，时钟也还将枯燥而平静地计算着分分秒秒。在时钟的冷冰冰的计时声中——您仔细听听吧——有一种无所不知而对所知的东西感到厌倦的意味。无论什么东西，什么时候，都不能使时钟为之动情或感到可贵。它是那样无动于衷，所以我们若要生活，就该为自己建造另一种充满感受、思索和行动的时钟，用它来代替这个枯燥、单调、以愁闷来扼杀心灵、带有责备意味和冷冷地滴答着的时钟。（节选自高尔基的《时钟》）

当书稿《孩子的时间管理课》呈现在我面前的时候，我不由得想起了高尔基的《时钟》。

在教育"内卷"的时代背景下，我看过从早上起床到晚上入睡，精确到分钟，让人窒息的中学生作息时间表。我是一个比较随性的人，这样的作息时间表让我非常震惊。在还没有打开《孩子的时间管理课》的书稿时，我有一些个人偏见。如果家长给孩子一张没有温度的作息时间表，那么我认为这是给亲子关系埋下了一颗雷，在不久的将来这颗雷很可能会被引爆。对于这本关于时间管理的书，我很好奇。

通览全书之后，我发现这本关于时间管理的书是有温度的。本书的作者貌似在说时间管理，其实是在谈家庭教育。我经常对一些家长强调：关系胜于教育。作者在做时间管理的训练之前，非常重视亲子关系的培养。一张近乎完美的时间管理清单，假如没有亲子关系托底，就只能是空谈。作者认为，只要亲子关系是不错的，孩子就可以直接接受时间管理训练。而亲子关系差的，则必须先修复亲子关系。先修复关系，再谈学习。我忍不住为之叫好。

家长的教练必修课和孩子的八件时间法宝，是全书尤为精彩的部分。在教育孩子这件事上，家长不能置身事外。家长越用心，孩子越优秀。但是，任何事情都不是一蹴而就的。着急、贪心是一些家长的常见心态。倒退、反复、螺旋式上升是事物发展的必然规律。本书的答疑解惑部分能缓解一些家长的焦虑。"慢慢来，比较快！"这是多么有智慧的一句话啊！欲速则不达，慢工出细活。实践是检验真理的唯一标准。希望本书的读者，能够按照书中的方法去实践，让孩子拥有时间管理的能力。

刘启辉

2023 年 7 月

培养面向未来的孩子

家长们都希望自己的孩子能在瞬息万变的世界里站稳脚跟，生活幸福美满，人生丰富多彩。

科学文化知识和生存技能，是孩子们开创未来必须具备的"硬本领"。可是，如果孩子缺乏自主、自律、自信心、学习的积极性、专注力等"软实力"，他就无法在学习的过程中体会到成就感、喜悦感。只有"软硬兼施"，孩子才能一往无前。"硬本领"主要靠学校教授，而"软实力"则主要靠家庭培养。"软实力"是学习"硬本领"的重要推进器。

在同一间教室里，同样的老师，同样的教材，同样的授课内容，为什么有的孩子疲于应付，感到十分吃力，而有的孩子不仅能轻松完成学习任务，还爱好广泛、多才多艺呢？让孩子们之间产生差异的，其实是他们自己运用时间的能力以及由此形成的学习习惯、价值观和思维方式等。生命是由时间组成的。如何运用时间，决定了一个人生命长河的深度和广度。

高效学习的前提必须是孩子积极主动地学习。孩子天生具有强烈的好奇心和求知欲。父母只要方法得当，就能充分地调动孩子学习的积极性。

父母要先改变自己错误的教育观念，培养融洽的亲子关系，做孩子的成长教练，激发孩子的内驱力，再教给孩子高效的学习方法，让孩子学会合理规划、运用时间。

笔者将时间管理、经典教育学、发展心理学和脑科学等相关理论结合在一起，遵循儿童生长发育规律等，精心为广大家长研发了一套课程，并在实践当中不断地完善。笔者希望广大家长借助这套课程，学会放手，让孩子成为自己学习和生活的主宰者。笔者希望每个孩子都能享受到学习的乐趣，充满激情地探索未知的世界，合理规划自己的时间，制订科学的学习计划，有针对性、有步骤、有效地提升自我，将自己的天赋或潜能充分地展现出来。

请本书的读者，先浏览一遍全书，消化、吸收书中的观点，再思考如何付诸行动。根据孩子和家庭的情况，家长有以下三种行动方式：

（1）家长先学习教练必修课，再教孩子使用 8 件时间法宝。

（2）教练必修课和儿童时间管理训练同时开启。

（3）直接让孩子接受儿童时间管理训练。

这趟旅程因孩子的学习问题而起，却不仅仅为了孩子的学习。笔者希望每个坐在副驾驶位置的家长都能运用自己的智慧，在下车前就教会孩子管理自己的人生。笔者希望每个孩子都能在肥沃的土壤里获得成长的力量，自信、积极、幸福地拥抱每一天，坚强、勇敢地迎接未来的挑战，不断地成就更好的自己。

郑红山　江艳丽

2023 年 2 月

目录

第五部分

成功案例分享

01

第一部分

每个孩子都需要时间管理

请你找一个宁静的角落，阅读下面的内容，抛开所有的杂念，敞开心扉，跟随我们一起体验一次心灵之旅。

若干年以后，你80岁了，躺在窗前的摇椅上，午后的阳光透过树叶的缝隙，星星点点地映在了你的脸上。

记忆回到孩子小时候，他刚出生，浑身粉嘟嘟的。你是不是觉得眼前的这个小人儿就是世界上最可爱的孩子？你是不是想倾尽所有来呵护他？你是不是希望他一生健康快乐、平安幸福？

小人儿渐渐地长大了。你陪他经历了好多个"第一次"，他会叫爸爸妈妈了，会走路了，上幼儿园了，读小学了，升中学了，考大学了……离开你了……光阴飞逝！

与孩子朝夕相处的时光里，你的脸上是否时常洋溢着幸福的笑容呢？那是一段令你怀念的时光吗？每当回忆起那些温馨的片段，你是否情不自禁地扬起了嘴角，然后心满意足地对自己说："我不一定做到了最好，但我已经竭尽全力，我的孩子生活幸福，有自己的小家庭，有钟爱一生的事业，我很欣慰。"

现在，请你认真地想一想：你究竟想要培养一个什么样的孩子呢？有的家长还没有想清楚这个问题就急急忙忙地出发了，只顾着规矩、效率与控制，忽略了目的、方向和亲情，牺牲了孩子当下的幸福和快乐。

家长在养育孩子时先要确立目标，然后时刻牢记这个目标，不做与目标相违背的事情。如果家长这样做，养育孩子就变得简单了。

　　父母都希望孩子能够取得好的学习成绩。学习成绩好的孩子大多拥有更多、更好的选择。有些孩子在上小学一、二年级时学习成绩不错，可上了小学三年级以后学习成绩突然下滑。而有的孩子在上小学一、二年级时学习成绩一般，可上了小学三年级以后就开始崭露头角。家长和老师通常将这个现象称为"分水岭"。这样的"分水岭"在孩子上小学五六年级以后可能会再次出现。到了初中，这样的"分水岭"可能会一年出现一次，并且还多了一个新名字——"两极分化"。所以，一些家长特别紧张，生怕自己的孩子在关键时刻被"分"到了"差"的一边。

　　为什么会出现"分水岭"呢？这究竟是孩子必然要经历的特殊阶段，还是一件可以人为掌控的事情呢？虽然影响孩子学习成绩的因素是多方面的，但是总有一些关键性因素。笔者认为的五个关键性因素是：好关系、好习惯、好品格、好阅读和好玩耍。

　　为了方便广大家长理解这些关键性因素的作用，笔者给大家举一个云龙和小辉的例子。云龙和小辉是小学同班同学，两个人在小学毕业时学习成绩不相上下。现在他们又在同一所中学读九年级，从七年级下学期开始，他们俩的学习成绩逐渐拉开了差距。

云龙的成长故事

云龙一上小学，妈妈就对他要求非常严格：早上 6∶30 起床，先读 30 分钟的课外书，再洗漱、吃饭、上学；按时完成作业，晚上 8∶30 准时上床睡觉。

云龙的妈妈每晚都陪云龙写作业，她觉得学校老师布置的作业太少，就买来课外练习册让云龙做，并要求云龙做到全对，否则云龙就会挨批评。云龙很乖，学习成绩也确实很好。

到了小学三年级以后，云龙不肯再做妈妈布置的额外作业，他认为，不是老师布置的作业就不是作业。但是挨了妈妈的批评之后，云龙便"老实了"。为了让云龙保持好成绩，妈妈没有跟云龙商量，又给云龙报了两个课外补习班。一直到小学毕业，云龙的学习成绩都是在班上名列前茅。

云龙自从上了七年级以后，每天晚上写作业时都是磨磨蹭蹭的，经常十一二点以后才能完成作业。妈妈一催促，云龙就说"不用你管！"。妈妈觉得自己在管教云龙方面越来越力不从心了。

升入八年级以后，妈妈没有经过云龙同意又给他报了一个课外辅导班。云龙死活不肯去，他还关上自己卧室的门，不许妈妈进去。

云龙的学习成绩急速下滑。但是云龙已经听不进去妈妈的话了。妈妈只好拜托班主任跟云龙谈一谈，可是收效甚微。母子俩之间的关系日益恶化。云龙和几个同学经常在一起玩游戏，还互相抄作业。妈妈对此十分焦虑，却又无计可施。云龙根本不听妈妈的话，脾气也越来越坏。

小辉的成长故事

从小到大，妈妈和小辉的关系一直都很亲密。上了初中以后，小辉也依然愿意跟妈妈分享自己的校园生活。

小辉在上小学五年级以前，学习成绩不是最好的，但也不是最差的。

妈妈一直嘱咐其他家人不要太关注小辉的学习成绩，而是重点培养小辉独立完成作业的习惯，教会他在什么时间该做什么事情。小辉的学习成绩总是忽上忽下的，还时常忘记写作业。妈妈尝试让小辉自己安排放学以后的时间。根据实际情况，妈妈和小辉一起约定完成作业的截止时间和睡觉时间。

到了小学三年级，小辉已经可以独立完成作业了，妈妈只负责检查和签字。如果过了约定的完成作业的截止时间，小辉还没有写完作业，妈妈就会阻止小辉继续写作业，并且拒绝在作业本上签字。小辉因为没有完成作业而被老师批评几次以后，再也不敢拖拉磨蹭了。

妈妈特别重视培养小辉的阅读兴趣。从小辉1岁起，妈妈每晚都给小辉讲睡前故事。小辉上小学以后，妈妈从不给小辉额外布置作业，她让小辉利用这些空闲时间读课外书或者玩耍。

妈妈从来不给小辉灌输大道理，而是在生活中言传身教，潜移默化地影响小辉的为人处世。

妈妈尊重小辉的选择。小辉的课外班全部是他自己要求报的。妈妈和小辉约定周六或周日不上任何课外班，一起外出游玩。

到了小学五年级下学期，小辉的学习成绩突飞猛进。妈妈肯定了小辉的努力，鼓励小辉多读课外书，尽情地玩耍。用小辉自己的话来说："妈妈好像最不看重的就是学习成绩。"小学毕业时，小辉的学习成绩已经在班上名列前茅了。进入初中以后，小辉每个学期都在进步。妈妈依旧还是那句话："你快点搞定作业，好去玩耍。"

小辉非常自律，已经学会了管理自己的时间，能够有条不紊地完成自己的学习任务。在完成老师布置的学习任务的同时，小辉也阅读了很多课外书。

看完云龙和小辉的成长故事，你想到了什么呢？让我们一起来梳理一下吧。

一、好关系一定是好教育的前提

好关系一定是好教育的前提。对于这一点，我们无论怎样强调都不为过。孩子与父母之间的关系应该是既亲密又独立。如果亲子之间的沟通轻松、顺畅，父母就能给孩子灌输正确的价值观。如果孩子与周围的世界保持着良好的互动，他就不必与父母、老师对抗，能够专心成长。

良好的亲子关系并不意味着父母要让孩子一直开心，也并不意味着父母和孩子之间没有冲突，而是意味着父母和孩子一起成长。

二、好成绩是好习惯的副产品

小辉的妈妈不是不看重孩子的学习成绩，只是小辉的妈妈和云龙的妈妈看待学习成绩的观点不同。小辉的妈妈认为，好成绩是好习惯的副产品，学习习惯好的孩子，即使不做额外的作业，学习成绩也会好。如果孩子的学习成绩经常不及格，那么父母不要责备孩子，而要检查孩子是否有良好的学习习惯。

小学阶段的课程相对来说比较简单，孩子只要稍微认真地学习，就能取得不错的学习成绩。家长可以利用小学这段时间来培养孩子良好的学习习惯。如果家长把每一个"分水岭"都当作校正自己教育方向的契机，就会给孩子额外增加几块"垫脚石"。

三、培养好习惯不能靠强制手段

如果强制手段能够让孩子养成好习惯，云龙应该比小辉的学习习惯更好。可事实是云龙没有养成好习惯。好习惯一定要在轻松、自由的环境中培养。将一种行为重复多次后就会形成习惯。正是基于这一点，一些家长每天督促孩子重复好的行为。如果家长在培养孩子好习惯的过程中违背了孩子的意愿，那么孩子不大可能养成好习惯，反而会怨恨家长。任何习惯的养成都需要大量的重复练习。如果家长生怕孩子出一点儿差错，不肯放手让孩子自己练习，又希望孩子养成好习惯，那就如让孩子站在岸边学游泳一样不切实际。从本质上来看"分水岭"现象，分的不是孩子，而是家长的教育理念和教育方式。

四、时间管理让学习者有了马太效应

什么是马太效应？就是一种强者愈强、弱者愈弱的现象。我们之所以在这里提出马太效应，是因为我们希望家长在了解了马太效应之后，不再急功近利地胡乱使劲，而是更加从容、淡定地陪伴孩子成长，使孩子的潜力得到充分的发展，让孩子在未来获得更多的幸福感和成就感。

我们先来思考一下：在上面的案例中，云龙和小辉之间的差距是什么呢？云龙的妈妈将大量的时间用在盯云龙学习上，而小辉的妈妈花大量的时间训练小辉的自我管理能力。小辉越学越轻松，他不仅能高效地完成作业，还有时间读课外书、玩耍和发展兴趣爱好等。在这期间，小辉的理解能力、创造力等都得到了发展。各种良性的反馈又刺激小辉主动地去学习更多的知识。云龙在妈妈的严密看管下不仅没有养成好习惯，还不按时写作业，逃避学习。云龙只是为了完成学习的任务，根本谈不上享受学习的乐趣。

针对不同的学习阶段，家长要有不同的培养重点。小学阶段的培养重点是培养孩子的学习兴趣和良好的学习习惯。初中阶段的培养重点是让孩子掌握科学的学习方法。高中阶段的培养重点是让孩子提高解题的速度。一些家长生怕自己的孩子输在起跑线上，让上小学的孩子大量刷题、上补习班，使孩子丧失了学习的兴趣，又用逼迫的方式让孩子丧失了学习的主动性。詹姆斯·克利尔在《掌控习惯》一书中说："好习惯的价值之高和坏习惯的代价之大令人瞠目结舌。"

家长应该用正确的方法培养孩子的好习惯，保护孩子的学习兴趣，提高孩子的学习效率。孩子需要阅读、玩耍，享受幸福、快乐的童年。

在这里，我们期待家长们能够坚定四个信念：

（1）每个孩子都可以很出色，因为孩子的潜力是无限的。

（2）如果孩子暂时没有做好，那么他需要时间和家长的帮助。

（3）孩子完全能够打理好自己的学习和生活。家长要教给孩子正确的方法，信任孩子，学会放手。

（4）别迷信遗传，孩子可以超越家长。因为以大多数人努力的程度来看，根本还没有到拼智商的地步。

坚定了这四个信念的家长，在与孩子共同成长的过程中不会轻易放弃，而会不断地学习、反思，以便调整自己的教育理念和教育方式。

第二节
不能照搬成人的时间管理吗

在电影《小王子》里面，有一个可爱的小女孩，她的妈妈为了让她成为一个优秀的大人，给她安排好了一切，精确到每一天的每一分钟应该做什么，计划表几乎占据了一整面墙。电影里的故事情节可能有些夸张，可这来源于生活。在现实生活中，一些家长给孩子制作了各种作息时间表、事务清单、计划表等，张贴在孩子书房或者卧室的墙上。

成人化的时间管理方式真的能让孩子养成好习惯吗？各种计划表会不会让孩子感受到巨大的压力呢？有的孩子可能会迫于压力硬着头皮执行，但是一有机会就自我放纵。

美国著名的管理学大师史蒂芬·柯维将习惯定义为"知识""技巧"与"意愿"相互交织的结果。也就是说：如果一个人想养成好习惯，就得先知道习惯是什么，然后学习相关的技巧，还要有强烈的意愿。

儿童是一个比较特别的群体，大多数儿童只对自己觉得有意思的事情感兴趣。想让儿童产生强烈的意愿，最好靠吸引的方式。如果家长想对儿童进行时间管理，就一定要顺应儿童的天性，符合儿童的心理特点，吸引儿童的兴趣。

我们希望家长在看到"学霸计划表"之类的东西时，不要盲目地把表格或工具当作重点，生搬硬套地用在自己孩子的身上。

一、听话的家长，孩子的进步空间会更大

2018 年 11 月，我们在湖北省的宜昌市外国语实验小学面向全体一年级新生和家长分别开设了儿童时间管理课、教练必修课。为了观察训练的效果，我们先后对学生们进行了三次学习习惯的测试，这三次测试的时间节点分别是在课程开始前、课程全部结束后和假期过后。

我们在训练的过程中看到：那些能够脚踏实地地学习教练必修课，认真地完成课后练习的听话型的家长，孩子的进步空间会更大。我们通过测试的结果得知：基础不同的孩子们，通过一段时间的训练之后，测试出来的分数依然呈现出较大的差异。同样的班级，同样的课程，同样的老师，同样的练习，同样的时间，为什么会出现这样的结果呢？这些孩子的家长是否认真学习了教练必修课呢？这些孩子的家长是否管好了自己的情绪和嘴巴呢？这些孩子的家长是否坚持用正确的方法引导孩子练习呢？儿童时间管理训练的规律就是，家长做得越到位，孩子的进步空间就越大。

二、儿童时间管理的作用

儿童时间管理究竟可以给儿童带来哪些好处呢？

适宜的家庭土壤：在适宜的家庭土壤中，儿童能够身心健康地长大，积极主动地面对生活和学习，焕发生命的活力，发挥自己的潜能，变得更加幸福和出色。

积极主动地学习：儿童认为学习是自己的事情，主动学习。积极主动的态度是提高学习效率的前提之一。

科学、规律的作息：这是儿童的精力保证，是儿童每天精神饱满、积极专注、情绪稳定的基石。

快速完成学习任务：儿童不仅提高了写作业的速度，还提高了起床、洗漱、收拾整理的速度。

提高作业的完成质量：儿童提高了做题的正确率，书写更加工整了。

获得更多的自由时间：自由时间是能够让儿童受益一生的"蓄力池"。家长通常将提高学习成绩的重点放在督促孩子学习上，实际上真正能够让孩子持续进步、体现学习成效差别的是自由时间。苏联教育家苏霍姆林斯基指出："只有让学生不把全部时间都用在学习上，而留下许多自由支配的时间，他才能够顺利地学习。""我们要使学生的生活中不单单有学习，还要使学习富有成效，那就需要给学生自由时间。"孩子们用自由时间来玩耍、阅读和发展兴趣爱好等，成为专注、高效，有目标和计划的终身学习者。

如果孩子当前还不能积极主动地学习，家长却希望孩子能够把作业写得又快又好，甚至期盼孩子学习成绩出色，这是不现实的。即使家长用逼迫的手段让孩子做到了，那也只是昙花一现，并不会长久。每个家长都希望自己的孩子能够摘到树上的果子，但不是每个家长都能为此付出努力。家长不仅要努力，还需要找对努力的方向。

在接受了将近一年的时间管理训练以后，学生们发生了以下的变化：

● 树立了正确的时间观念，能够合理地安排时间，拖拉磨蹭的情况明显减少了；

● 从被动学习转变为主动学习，需要家长提醒或督促的次数明显减少了；

● 做作业的速度明显提高了，课余生活更加丰富多彩；

● 能够更加专注、高效地学习，提高了学习效率；

● 做事情更加有条理，会提前计划和安排各项事务。

家长们发生了以下的变化：

● 更新了教育孩子的认知，学到了新的方法，不再简单粗暴地对待孩子，孩子更乐意配合；

- 在辅导孩子学习方面，从一团乱麻到井然有序，减轻了焦虑；

- 催促、提醒和唠叨孩子的次数明显减少了，亲子关系明显改善了；

- 不用时刻紧盯着孩子学习，感到很轻松；

- 对于孩子的学习，有了一个科学的监管方向，避免用错劲或者乱用劲。

三、如何使用本书

全书共有五个部分：

第一部分，本书的基本理念；

第二部分，儿童时间管理的 8 件工具，让儿童学会高效学习，提升学习能力；

第三部分，家长的 8 节教练必修课，改善家庭土壤，恢复孩子的学习主动性；

第四部分，常见问题的解答，帮助家长在遇到困惑时厘清思路，平和、冷静地应对；

第五部分，成功案例的分享，可以让家长在不同的家庭成长故事中汲取信心和力量。

家长可以参考以下三种情况：

（1）如果家长和孩子之间亲子关系良好（标准是：彼此尊重，相互信任，相互合作），孩子能够主动学习，只是学习效率比较低下，那么家长可以直接对孩子进行时间管理训练。接受过时间管理训练的孩子，能够更加轻松、高效地学习。

（2）如果孩子对学习有一定的主动性，虽然不太积极，但也能够按部就班地完成各项学习任务，那么家长就需要调整和完善自己的教育方式。家长在对孩子进行时间管理训练的同时，利用本书开始自我成长。

（3）如果家长和孩子之间频繁爆发亲子冲突，孩子根本就不愿意听家长说话，那么家长就不能急着对孩子进行时间管理训练。家长先脚踏实地地完成本书第三部分的教练必修课，改良家庭土壤，恢复亲子关系。面对孩子糟糕的学习情况，家长能做的事情就是不再因为学习的事跟孩子较劲。先修复亲子关系，再谈论学习。家长应该多关注孩子的身心健康，多关注孩子的感受和喜好，多看见孩子的优点和进步。家长应该默默地耕耘，静待花开。这不是消极地"放弃"，而是积极地"放下"。只有"放下"旧的做法，才能有新的开始。

家长需要修炼内功，提升教育水准。孩子需要学习时间管理，提高学习能力。如此，家长才能培育出专注高效、主动学习的孩子。

我们将大目标分解成8个便于操作的小目标，循序渐进地帮助家长成为孩子的成长教练，让孩子发展得更加出色。

有的家长比较"贪心"，容易忽略孩子的努力和进步，却将孩子的不足看得一清二楚，不断地提高对孩子的要求。所以，我们准备了一份《小学生学习习惯测试表》，每隔4～5周，让孩子测试一下，将孩子的进步量化为具体的数字，让家长能够看到孩子的进步。

四、《小学生学习习惯测试表》

请根据孩子的真实情况快速评分，最后计算总分。评分标准：从不会有这样的行为，则记为0分；有时会有这样的行为，则记为1分；经常会有这样的行为，则记为2分；总是会有这样的行为，则记为3分。最后，计算总分。总分越高，说明孩子的学习习惯越好。

（1）早晨起床动作迅速，容易被叫醒，穿衣、洗漱动作迅速。

（2）按时到达学校，不迟到。

（3）按时上床睡觉。

（4）前一晚自己准备好学习用品（课本、文具等）。

（5）会收拾书包。

（6）在课前，准备好课本、文具及练习本等。

（7）不丢东西（外套、红领巾、考试卷子、作业本、笔、橡皮等）。

（8）在课堂上接到老师的指令后反应迅速，能够快速地打开课本等。

（9）在课堂上积极举手发言，发言时声音洪亮。

（10）在课堂上专心听讲，不受外界干扰，不做与学习无关的事情（不玩学习用品，不乱写乱画，等等）。

（11）在考试时能够完成全部考题。

（12）在课堂上认真倾听其他同学的发言。

（13）做题仔细，学习成绩稳定。

（14）能记全老师留的作业和通知。

（15）在固定的时间和地点学习。

（16）独立完成作业。

（17）自觉完成作业，不用家长督促。

（18）按时完成全部作业。

（19）字迹工整，清晰有度，字体排列均匀。

（20）无落题、抄错题、点错小数点等现象。

（21）做作业的效率高，没有不断大小便、喝水、吃零食、听音乐、看电视等现象。

（22）完成作业后，能够认真检查并及时改正错题。

（23）课后复习和预习。

（24）每周按照计划认真执行。

每个孩子都拥有一座能量巨大的宝库，但是他无法独自开启，至少需要一位思想成熟并且富有智慧的助力者。家长很幸运地被孩子选中。来吧，家长，和孩子一起远行，让孩子创造属于自己的美好未来吧。

02

第二部分

欢迎来到时间宝库

人最宝贵的是生命。但是仔细分析一下这个生命，可以说，最宝贵的是时间。因为生命是由时间构成的，是一小时一小时、一分钟一分钟累积起来的。

—— 丹尼尔·亚历山大洛维奇·格拉宁

我们主张家长先学习教练必修课，再教孩子时间管理的方法，可是为什么又将时间管理课放在了本书的第二部分呢？因为家长先了解儿童时间管理训练的全貌，再来学习教练必修课，就能带着心中的疑惑去寻找答案，联系自己与孩子的现状来思考，在脑海里渐渐地形成一个整体的训练计划，也能对即将遇到的困难或挑战有所准备。

在这一部分里，我们将教孩子使用8件时间法宝，提高孩子做事情的效率，提升孩子的学习能力，让孩子学会既专注当下，又未雨绸缪。如果孩子学会了如何漂亮地度过一天、一周、一个月、一年，也就学会了如何漂亮地度过一生。

欢迎来到时间宝库，让我们和孩子一起开启这趟美妙的旅程吧。

提醒各位家长注意以下三点：

（1）每一站都很重要，请按照顺序依次进行；

（2）孩子是这次旅程的主人，请尽量尊重孩子的意见；

（3）至少在每站停靠一周，踏实练习，小步前进。

感知时间，初步建立时间观念

　　时间是一种既宝贵又易逝的资源。我们应当加倍珍惜时间，想方设法地合理利用时间。可是对于孩子来说，"时间"这个概念太抽象了，它是看不见、摸不着的，也没有具体的形状。在孩子的认知里，他自己感觉不到的东西就相当于不存在，自然谈不上利用和珍惜了。

　　有的家长可能会说："我已经教会孩子认钟表了，可为什么孩子还是没有时间观念呢？"因为孩子只认识了钟表上的抽象数字，并没有真正意识到时间的存在和流逝。

　　一些家长苦口婆心地跟孩子讲"一寸光阴一寸金""时间就是生命"的大道理，责备孩子"怎么这么慢！"，其实这些都是白费力气。孩子很可能一脸茫然，然后继续"明目张胆"地浪费时间。家长该怎样做才能帮助孩子感知时间的存在呢？

　　除了在日常生活中时刻提醒孩子留意时间与环境的变化以外，家长还有一件法宝。

【榜样在线】

　　苏联的柳比歇夫，是昆虫学家、哲学家和数学家，他一生出版了70多部学术著作。

柳比歇夫的一生获得了巨大的成功。但如果你以为他只是一个"工作狂"，那就大错特错了，他是一个很会享受生活并且对生活充满激情的人。他爱看歌剧，经常陪妻子散步，热衷给全国的书友写信，是一个不折不扣的时间管理高手。

他是怎么平衡工作与生活的呢？秘密就是他独创的时间管理法。

下面是柳比歇夫的部分时间记录：

分类昆虫学（画两张无名袋蛾的图）：3 小时 15 分钟。

鉴定袋蛾：20 分钟。

附加工作：给斯拉瓦写信，2 小时 45 分钟。

社会工作：植物保护小组开会，2 小时 25 分钟。

休息：给伊戈尔写信，10 分钟；《乌里扬诺夫斯克真理报》，10 分钟；列夫·托尔斯泰的《塞瓦斯托波尔纪事》，1 小时 25 分。

柳比歇夫清楚地知道自己的时间都去哪儿了，他对时间形成了独特的感知力，不用钟表也能估计时间，堪称真正意义上的"生物钟"。

【时间法宝】

家长可以利用时间日志，让孩子感知时间，建立初步的时间观念。家长可以从记录孩子的生活入手，帮助孩子意识到钟表上的数字与自己所做的事情是相关的，这也正是时间赋予生活的意义。

当然，家长不能让孩子事无巨细地记录自己一天的时间开支，否则孩子会感到厌烦。家长可以只让孩子每天记录五件关键的事情，鼓励孩子持续记录一周，如表 2.1。

写了一周的时间日志以后，孩子就应该会对时间有一个较为清晰的认知，比如："我每天早上大概 6：40 起床，用 15 分钟左右的时间洗漱。有时候起床晚了 10 分钟，就感觉匆匆忙忙的。"孩子也对自己做同一件事

表 2.1 时间日志

序号	事件	起止时间	花费时间	备注
1	起床，洗漱			
2	做数学作业			
3	做语文作业			
4	吃晚餐			
5	洗漱，准备睡觉			

情所花费的时间有了"多少"的感觉，比如："前天我洗漱花了 18 分钟，昨天我洗漱花了 16 分钟，今天我只用了 15 分钟就完成了洗漱。我可以减少洗漱的时间。"一些孩子之前不明白家长催促自己的原因，写了一周的时间日志之后，他们发现："哦，原来我在写作业上面花了这么长的时间啊！"

【小贴士】

鼓励孩子自己写时间日志，但请家长留意以下两点：

1. 根据孩子的年龄适当地给予协助

对于 8 岁以上的孩子，家长鼓励他独立完成时间日志。

8 岁以下的孩子，在填写时间日志时可能会遇到一些困难，最好由家长协助完成。家长不要包揽所有的工作，否则孩子会缺乏参与感和体验感，训练的效果会大打折扣。

2. 只记录，不评价

家长只帮助孩子记录时间分配的情况，不要做任何评价。

在这一周的时间内，家长的目标仅仅是让孩子感知到时间，意识到时间的存在，建立初步的时间观念，而不是让孩子立即提高做事情的速度。

无论结果如何，家长都不要责备孩子。如果家长对孩子说"我以前说你拖拉磨蹭时，你还不高兴。现在白纸黑字在这摆着呢，你现在没话说了吧！"，那么孩子就会觉得自己中了家长的圈套。孩子会认为："不写时间日志，家长只是嘴上说说我而已；写了时间日志，家长反而抓住了我的把柄。"有了这样的认知以后，孩子就会对时间日志乃至时间管理都心存戒备，甚至反感。

家长只需要和孩子一起如实地记录时间日志，不要做任何评价。如果孩子主动提高了做事情的速度，家长就及时地肯定和鼓励孩子吧。

【 立即行动 】

（1）家长和孩子一起记录时间日志；

（2）确保孩子每天都有玩耍的时间；

（3）每晚家长和孩子一起打卡。

第 2 站
学会规划一天的时间

欢迎来到第 2 站！

在第 1 站里，时间日志为孩子打开了感知时间的通道。孩子开始注意到时间，留意到自己做事速度的快慢对时间支出的影响，逐渐感知到时间。

在孩子将时间与自己的生活建立联系之后，家长就需要教孩子规划自己一天的时间，建立一天的时间观念，让孩子更加深刻地体会时间的意义。

【故事在线】

"又不让我下楼玩，每天都是这样，烦死了！"俊文大叫道。

妈妈不耐烦地说："谁叫你放学回家后不尽快写作业，而是坐在沙发上玩玩具。我提醒了你几遍，你都不肯去写作业。现在你却怪我头上来了！太晚了，你赶紧洗澡睡觉吧！"

俊文不高兴地对妈妈说："以前你总说我写作业慢，我今天写作业的速度不是很快吗？你怎么还是不让我出去玩呢！"

妈妈觉得儿子俊文胡搅蛮缠，便丢下一句："反正今天我就是不允许你出去玩！"懒得再理俊文，妈妈就忙自己的事去了。

俊文觉得委屈，眼泪汪汪的，懒得洗澡，也没脱衣服，直接躺在床上睡着了。

看着熟睡的俊文，脸上还有泪痕，妈妈帮俊文脱掉衣服，轻轻地为俊文盖上被子。

第二天晚上，妈妈下班回家后，拿出一张标有 24 个刻度的圆形图片，真诚地对俊文说："儿子，其实妈妈特别希望你每天都有时间玩，每天都过得开开心心的。你可以用这张图来分配自己一天的时间，怎么分都行，但你至少留给自己 30 分钟的玩耍时间、30 分钟的阅读时间。你看怎么样？"

"真的吗？"俊文有些不适应，疑惑地看着妈妈，想要确定妈妈不是在开玩笑。

俊文在妈妈的协助下很快在图上分出了几个固定的时间段：早上起床洗漱到出门、上午上学、午餐和午休、下午放学、晚上睡觉。

俊文说："只有放学后到睡觉前的这段时间是我能够自由安排的。这段时间总共就那么多，还要被用来吃饭、练琴、跳绳、洗漱等。如果再除去 30 分钟的玩耍时间和 30 分钟的阅读时间，剩下的自由支配时间就不多了。如果我写作业的速度慢了，玩耍和阅读的时间就少了。难怪妈妈每天都催促我赶快写作业，有时还不允许我出去玩。"

【时间法宝】

家长可以让孩子利用时间图规划一天的时间。

时间图可以帮助孩子将自己的行为与时间非常直观、形象地联系起来。一天的时间就像一块完整的圆形蛋糕，自己所需的时间都要从这块蛋糕上切取。该怎样分配这个"时间蛋糕"呢？

孩子切完"时间蛋糕"之后，就能实实在在地体会到时间的有限，就会不由自主地提高做事情的速度。要想有更多的玩耍时间，孩子就得快点儿完成作业。

家长该怎样和孩子一起制作时间图呢？

分为以下三个步骤：

第一步，家长先和孩子一起在白纸上梳理出几个相对固定的时间节点

（1）起床时间 6：30

（2）出门时间 7：00

（3）午餐时间 11：50

（4）午休时间 12：30

（5）下午放学时间 17：00

（6）睡觉时间 21：30

在这一步里，家长可以主动地给孩子安排 30 ～ 60 分钟的自由活动时间，让孩子感受到家长的爱。

第二步，家长和孩子一起分配放学后到睡觉前的这段时间

放学后到睡觉前的这段时间是孩子能够灵活支配的。家长可以利用这段时间锻炼孩子自主规划时间的能力。家长一定要将更多的决策权交给孩子。建议孩子把做作业的时间安排在晚餐前后。一是因为晚餐前后是孩子精力比较旺盛的时间段，做作业的效率比较高；二是因为这样安排符合时间管理的"要事优先"原则。

孩子在刚开始做时间图时，可能会因为将各项计划安排得太宽松，浪费一些时间；也可能会因为将各项计划安排得太紧凑，完成不了；还有可能会因为将各项计划安排得没有条理，不能做到"动静结合"。这些都是孩子在做时间图时常犯的错误，是非常正常的现象。家长要多给孩子一些耐心和包容，让孩子适当地走一些弯路。走过弯路之后，孩子会更愿意接受家长的建议。

第三步，绘制时间图，并将时间图张贴在孩子容易看到的地方

时间图的绘制需要以下三步：

（1）在图上标出梳理好的时间节点；

（2）将时间节点与中心点用铅笔连线；

（3）标注每块时间区域的用途。

在第一次制作时间图时，建议使用铅笔，可以不涂颜色。因为如果孩子在试用时间图之后觉得不合适，就需要调整时间图中的内容，用铅笔绘制的时间图方便调整，涂色之后的时间图不便于修改，反复制作时间图又可能导致孩子产生厌烦情绪。将制作好的时间图张贴在孩子容易看到的地方。

【小贴士】

1. 孩子的参与度高是成功的关键

孩子参与得越多，主动性就越好。家长要适当地引导孩子，给孩子一些合理的建议。但是家长不能强迫孩子必须接受自己的建议，不能直接替孩子安排，否则孩子就会对时间图失去兴趣。

2. 要给孩子留出自由活动的时间

给孩子留出自由活动时间的时间图，才是一张有效的时间图。家长要给孩子留出释放压力、自由活动的时间。玩是孩子的天性。家长一定要顺应孩子的天性，激发孩子学习的动力。其实，如果家长能够真正地站在孩子的角度为孩子着想，那么孩子会非常理性地看待自己自由活动的机会。有的孩子会主动放弃自由活动的时间，选择完成作业。

家长要将"让孩子获得自由活动的时间"作为自己的教育目标，这样

的时间管理才能真正地走进孩子的心里。被体贴和信任的孩子，更愿意为自己的行为负起责任。当家长操心孩子玩耍的时间时，孩子却开始操心学习，看似不现实，实则是事实。

3. 节约出来的时间要全部由孩子支配

孩子通过提高做事效率节约出来的时间，要全部由他自己支配，这样他才更有提高做事效率的动力。

有的家长一看到孩子有那么多的玩耍时间，便感到不安，总觉得应该让孩子利用这些玩耍的时间做点儿更有意义的事情，于是就给孩子布置额外的学习任务。孩子刚刚燃起的学习热情瞬间被浇灭了，因为他会这样想："我做得越快，父母给我安排的任务就越多，我还不如慢慢做。"家长不如先让孩子尽情地享受自己努力的成果，再想办法引导孩子利用节约出来的时间阅读、画画等，让孩子的生命焕发活力和光彩。

4. 从孩子的现状出发

在绘制时间图的时候，家长要从孩子的现状出发，在现状的基础上略微调整。比如，孩子之前都是 22:30 才睡觉，现在就可以在 22:30 的基础上往前调 5～15 分钟，不能一下子往前调数小时。

【立即行动】

（1）家长和孩子一起记录时间日志；

（2）确保孩子每天都有玩耍的时间；

（3）每晚家长和孩子一起打卡。

第 3 站
计划得有条理，行动起来更迅速

欢迎来到第 3 站！

经过前面两个小站的练习和体验，大部分孩子对时间有了感知，也建立了一天的时间观念，萌生出想要做得更快的想法。

在这一站里，家长将教孩子使用行动清单来明确做事情的目标、流程与要求，毕竟计划得有条理，行动起来更迅速。很多时候，有的孩子并不是有意磨蹭，而是不清楚接下来要做什么，茫然不知所措，因此浪费了很多的时间。

人类的大脑虽然在思考和创造方面拥有惊人的力量，但是在处理当前事务方面的能力是有限的。现在的共识是：人类的工作记忆一次最多跟踪四个物体或四件事。让我们用一个游戏来体会大脑的这个记忆特点吧。

【游戏在线】

一起来玩一个游戏：下面有几种动物的名字，你看过一遍之后立即把书合上，然后按照动物的个头大小依次排序。只准看一遍，不许偷看哦！

第一组游戏：

老鼠，狮子，大象，狗。

你是不是很轻松地完成了第一组的游戏？

请看第二组游戏：

鸡，老鼠，大象，熊猫，狮子，狗，兔子，猪。

你还能完成第二组的游戏吗？

孩子们每天要处理的任务不止4个，而每个任务又有各自不同的步骤。如果孩子的大脑处理不过来，就会本能地偷懒、逃避或遗忘。

不过，作为节能高手的大脑有一项特别的本领，就是能将琐碎的流程形成习惯，此后，就不用再耗费太多的精力，轻松而高效。举个例子，直立行走是一套程序复杂的技能，我们已经不记得其中的步骤，可能几乎都忘了直立行走的存在，却一直在享受着直立行走带给我们的便利。如果孩子能够养成像行走一样的好习惯，那么他不仅能够行动迅速，还能腾出精力来思考、创造，做更多、更有意义的事情。行动清单能够帮助孩子养成好习惯，节省时间和精力。

【时间法宝】

孩子利用行动清单，变得更有条理、更迅速。

1. 什么是行动清单

行动清单是完成一件事情需要的所有条件与流程的集合。孩子可以利用行动清单，形成固定的流程，久而久之，养成自然而然的习惯。

2. 怎样制作行动清单

以制作作业清单为例：

第一步，拿出一张白纸，罗列出与作业相关的所有事项：

整理桌面

做作业

复习

家长签字

检查作业

预习

收拾书包

第二步，将这些事项按照常识排序，数字越小越靠前。

①前期准备

②复习

③做作业

④检查作业

⑤家长签字

⑥预习

⑦整理桌面

⑧收拾书包

第三步，将这些事情按照先后顺序，用不同颜色的笔写在另一张白纸上，这就完成了作业清单的制作。

家长还需要和孩子一起制作一份准备清单，请参考以下的准备清单。

① 上洗手间

② 喝水

③ 填写作业计划表

④ 拿出课本和作业本，按顺序放好

⑤ 准备文具

⑥ 准备计时器

⑦ 深呼吸

将两份目标清晰、流程明确的清单张贴在孩子书桌前的墙壁上。孩子每天对照清单，独立完成全部的作业流程，这样做既提高了做作业的速度，又不用听家长唠叨，两全其美。

孩子还可以将行动清单运用在其他方面，比如整理房间等。孩子制作清单的过程正是他自己整理思维并使之条理化的过程。使用行动清单的过程就是孩子养成好习惯的过程。

【小贴士】

1. 家长和孩子一起制作行动清单

家长和孩子一起制作行动清单，并尽可能地尊重孩子的意见，让孩子从中获得掌控感。家长要多给孩子一些锻炼的机会，多给孩子一些耐心。

2. 一次只给孩子使用 1 ～ 3 份行动清单

一次只给孩子使用 1 ～ 3 份行动清单，不要贪多，等孩子养成好习惯以后再换上新的行动清单。

可以先从制作作业清单和准备清单开始，理顺孩子的作业流程，帮助孩子养成按时完成作业的好习惯。

3. 制作快捷简便的行动清单

行动清单的项目不宜太多，否则会影响孩子使用行动清单的积极性。

【立即行动】

（1）家长和孩子一起制作作业清单、准备清单。

（2）家长引导孩子执行行动清单，并和孩子一起打卡。

（3）每天都为孩子预留玩耍的时间。

（4）家长留意孩子每一次微小的进步，及时地肯定和鼓励孩子。

第 4 站
训练孩子的专注力

欢迎来到第 4 站！

孩子已经初步建立了时间观念，并且提高了做事情的效率。可是，仍然有一些时间被孩子浪费掉了。

如果孩子做事情不专心，就会延长做事情的时间。别人的孩子只用半小时就能完成的事情，自己的孩子可能需要几个小时。注意力不集中的孩子，好比随身带了一个漏勺，常常漏掉很多的精华，残留的东西无法支持他顺利完成整个任务，于是他只好继续走神、拖拉磨蹭，更加不能专注，陷入恶性循环的怪圈，学没学好，玩也没玩好，严重地影响了学习的效率和效果。

有的家长说："我打过孩子了，骂过孩子了，孩子还是老样子。"也有的家长让孩子加班加点地学习，希望用"时间＋汗水"来弥补孩子自身的不足。家长的打骂、说教会破坏孩子的安全感，使孩子更加不专注。家长应该怎样做才能科学有效地提高孩子的专注力呢？

【故事在线】

二十世纪八十年代末，有一个名叫弗朗西斯科·西里洛的意大利大学生，他的大学生活一度有些混乱，虽然他很想努力地学习，但是他的学习效率总是很低下，很容易被与学习无关的事干扰，容易开小差。他很苦恼，一直在寻求让自己变得更专心的办法。

他对自己说："我能学习一会儿吗？哪怕只是真正地学习 10 分钟？"他想找个计时教练，可是谁来替他掐表呢？他找到了，就是一个厨房定时器，形状好像番茄。他用这个定时器训练自己的专注力，一开始是 10 分钟，后来渐渐地延长到 20 分钟、30 分钟……甚至更长的时间。

很显然，弗朗西斯科成功了，他的学业成绩稳步上升。后来，他把这个方法带到工作中，同样取得了很好的业绩，经过一段时间的努力，最终成为一家大公司的首席执行官。

弗朗西斯科结合自己的经历与心理学研究，在 1992 年创立了番茄工作法。后来，有学者将他的方法整理成书——《番茄工作法图解：简单易行的时间管理方法》，这本书从出版至今已经重印了多次，受到全世界高效能人士极大的认可和深切的喜爱。

【时间法宝】

家长可以利用番茄工作法，训练孩子的专注力，提高孩子做作业的速度。

什么是番茄工作法？简单地说，就是用番茄钟为我们计时，比如每工作（学习）25 分钟，休息 5 分钟，再继续下一个 25 分钟，再休息 5 分钟，如此循环往复，直至完成全部的工作或学习。

25 分钟并不是一个固定的时长，我们可以根据自己的需要适当地调整时长，但不宜过长，要在疲劳之前休息，以便让精力及时恢复。生理学家曾做过一个试验，让一组身强力壮的青年搬运工人往货轮上装生铁，连续干 4 小时，结果只能勉强装 12.5 吨；一天后，让同样的人每干 26 分钟就休息 4 分钟，同样是 4 小时，最后装了 47 吨，效率提高了 2.76 倍。

孩子的注意力时间跟年龄有很大的关系。年龄小的孩子以被动注意为主。随着年龄的增长，孩子主动注意的时间延长。

家长应该根据孩子的年龄以及个体差异，将番茄钟时长设置为"10+5""15+5""20+5""25+5"几个档次，要为孩子挑选既能达到要求又不至于太过轻松的番茄钟时长，通过训练逐步提高孩子的专注力。

1. 怎样用番茄工作法来训练孩子的专注力

在实践中，我们将《番茄工作法图解：简单易行的时间管理方法》里的图表，根据孩子学习任务的特点，以及孩子思维发展的规律，进行了合并和简化，形成了一套更适合孩子使用的流程。

第一步，制订作业计划

孩子放学回家后的第一件事就是做当天的作业计划表，在表格上列出各科的作业。

第二步，预估完成作业所需要的时间

孩子通过前面几周的训练，已经有了一定的时间观念，可以试着预估完成作业所需要的时间。"预估"的本质就是孩子为了完成作业而做出的承诺。人们大都倾向于兑现自己的承诺，孩子也不例外。在正常情况下，孩子会努力兑现承诺，并且会不断地缩短完成作业所需要的时间。

由于经验不足，孩子很可能会错误预估完成作业所需要的时间。有时孩子过于自信，对作业的难度估计不足。实际完成作业所需要的时间与预计完成作业所需要的时间不一致，这是非常正常的现象。家长不能因此责备孩子。如果预估了就一定要做到，这对孩子来说太可怕了，以后孩子就不敢再预估了，或者故意预估一个比较宽松的时间。家长可以在孩子按时完成或者提前完成任务的时候及时地肯定孩子，暂时忽视那些不尽如人意的地方。

第三步，安排做作业的顺序

孩子可以按照自己设定的番茄钟安排做作业的顺序。如果孩子将番茄钟时长设置为"25+5"，那么就一直保持学习25分钟、休息5分钟的节奏。这样做符合人体劳逸结合的规律，能让孩子精力充沛，始终保持专注、高效的学习状态。

超出25分钟的作业或者不足25分钟的作业，可以与其他不足25分钟的作业排列在一起，合并成一个完整的25分钟，孩子按照顺序依次完成作业，仍然可以保持学习25分钟、休息5分钟的节奏。

第四步，使用番茄钟，记录中断事项

孩子填写完作业计划表，按照作业清单和准备清单做好准备工作，将作业按照先后顺序放在左手边。

孩子将番茄钟扭到25分钟，便开启了一个番茄钟时间。为了让孩子能够专注一段时间，家长和孩子尽量做到三个"不"。

不提问：孩子先做会做的，等番茄钟时间结束后再问问题。

不中断：一鼓作气，在这25分钟的时间内，孩子不做任何与作业无关的事情，不中断作业进程。

不打扰：家长不要中途打扰孩子，等番茄钟时间结束之后再说其他的事情。

当然，家长和孩子能完全做到三个"不"是一个比较理想的状态。在正常情况下，家长还需要在表格上记录孩子的中断情况，并做上相应的标记，以便帮助孩子逐步提高专注力。

孩子顺利完成一个番茄钟时间后，画"√"，内部中断画"／"（如走神等），外部中断画"—"（如找本子、削铅笔、上洗手间等）。当孩子出现内部中断时，家长可以只做标记；当孩子出现外部中断时，家长还要写明具体的原因，便于完善准备清单。在这个过程中，家长就可以对孩

子的专注状态有一个非常直观的了解，而不是凭感觉认为孩子总是在走神、走动、喝水等。

家长只需要如实地将记录结果反馈给孩子，以便唤醒孩子的自我觉察意识。家长不能一边记录一边纠正孩子的行为，否则，家长就成了一个干扰源，不仅会让孩子感到厌烦，还亲手破坏了孩子的专注力。

第五步，对照记录表完善准备工作

可能有一些外部中断事项是作业清单和准备清单没有涉及的，这时孩子就可以进一步完善清单，将有可能影响专注力或中断做作业进程的事项都放在清单里。

大多数孩子在使用番茄钟之后，会缩短完成作业所需要的时间。

2. 为什么番茄钟会拥有如此强大的力量呢

其原因就在于：

（1）提前做好准备，将容易引发中断的事项全部放在准备工作中。

（2）形成条件反射，像孩子们听到上课铃响就进入学习状态，听到下课铃响大脑就自然放松一样，填写作业计划表、扭启番茄钟的举动、番茄钟的嘀嗒声和最后为孩子喝彩的响铃声等，都能让孩子形成条件反射。

（3）一次只做一件事，孩子更容易专注于手头的任务。

（4）将任务分解成更小的部分，不让孩子因为任务太难而感到焦虑。每次孩子只专注一小段时间就好，他不必通过磨蹭、发呆等方式来悄悄缓解焦虑。

（5）遵循人体节律，设置番茄钟，时间长短可以根据孩子的情况灵活调整。确保孩子在学习时一心一意，在休息时安心休息，持续保持高效的学习状态。

【小贴士】

番茄钟的确很神奇，它帮助很多成年人提高了工作效率，也帮助一些孩子提高了学习效率。但在使用番茄钟的过程中，家长需要注意以下事项：

1. 鼓励孩子自己挑选喜欢的番茄钟

在用番茄钟训练孩子的专注力时，家长要充分调动孩子的积极性，可以让孩子挑选自己喜欢的番茄钟。有的孩子对声音特别敏感，也很排斥，就可以选择电子计时器、沙漏等。不建议孩子使用手机上的计时小程序，因为手机对孩子来说就是一个巨大的干扰源。

2. 一定要循序渐进地进行训练

在使用番茄钟训练孩子的过程中，一定要循序渐进，防止孩子产生挫败感，对番茄钟产生抵触情绪。要让孩子慢慢地接触和适应番茄钟。正确的做法是：家长不必在意孩子有多少次中断，只需要如实地记录中断的次数和原因，然后在当天如实地将记录结果反馈给孩子。

对于孩子进步的地方，家长要及时地肯定孩子；对于孩子不尽如人意的地方，家长应暂时忽略。家长要给孩子自我觉察和反思的空间。家长越鼓励孩子，孩子越进步；家长越批评孩子，孩子越退步。

3. 约定好休息的时间

有的孩子一休息起来就没完没了，超过了 5 分钟。为了避免这种情况的发生，家长要跟孩子明确：

● 这 5 分钟的休息时间不是用来玩耍的，而是用来放松大脑的。

● 孩子可以利用这 5 分钟的时间做些什么事呢？可以利用这 5 分钟的时间喝水、吃水果、活动身体、放松眼睛、上洗手间……不能用这 5 分钟的时间看电视、手机、平板电脑等电子产品。休息时间不宜过长，否则孩子一旦脱离专注的状态，重新回到专注的状态又需要很长的时间。

【立即行动】

（1）和孩子一起挑选番茄钟。

（2）按照本书的要求，家长和孩子一起使用番茄钟完成作业。

（3）家长记录孩子的中断情况，并如实地反馈给孩子，中途不打断、不纠正，事后不唠叨。

（4）给孩子留出玩耍的时间。

（5）利用时间图、行动清单，每晚家长和孩子一起打卡。

（6）必要的话，家长和孩子一起完善准备清单。

第 5 站
学会选择，先做重要的事情

欢迎来到第 5 站！

经过前面四站的学习和练习，孩子对于时间的感知与掌控都有了很大的提升。在这一站，家长要教孩子将更多的时间花在重要的事情上。

有的孩子在做事情时抓不住重点、分不清先后顺序，容易浪费时间，学习效率较低。在这个物资丰富、信息泛滥的时代，孩子每天都要处理很多的事情，究竟先做哪件事呢？家长要教会孩子合理安排事情的先后顺序。

【故事在线】

20 世纪初期，美国伯利恒钢铁公司创始人查尔斯·施瓦布抱怨时间太少、工作做不完。他用大量的时间来应付一些细节和不重要的事，根本就没有时间去思考更重要的事情。他向著名的管理专家艾维·李请教该怎么做才能走出困境。

艾维·李说可以在 10 分钟内给施瓦布一样东西，这东西能把他的公司业绩提高至少 50%。不一会儿，艾维·李把一张白纸递给施瓦布，说："把你明天要做的非常重要的 6 件事写在这张纸上。"过了一会儿，艾维·李又说："现在用数字标明每件事情对于你和你的公司的重要性次序。"这花了施瓦布大约 5 分钟的时间。艾维·李又接着说："现在，你把这张纸放进口袋里。你明天早上要做的第一件事是先把纸条拿出来，只看第一项的内容，并立即办第一件事，直到完成为止。然后你用同样的方法对待第二项的内容、第三项的内容……直到你下班为止。即使你只做完了五件事，那也不要紧，因为你总是在做最重要的事情。"

艾维·李对施瓦布说："以后你每一天都要这样做。直到你对这种方法的价值深信不疑之后，再叫你公司的人也这样干。至于这个试验，你爱做多久就做多久，然后给我寄一张支票来，你认为我的建议值多少钱就给我多少钱。"

这位钢铁公司的创始人在试过艾维·李建议的方法后，觉得这个方法太有效了，就向其他人大力推荐。几个星期以后，施瓦布给艾维·李寄去了一张2.5万美元的支票（这在当时可是一笔巨款哦），还附上了一封信，信上说"这是我一生中最有价值的一课"。后来，施瓦布坚持使用这套方法，在几年时间里，伯利恒钢铁公司多赚了几亿美元，这个当年不为人知的小钢铁厂逐步成为世界知名的钢铁企业。

后来，施瓦布的朋友问他为什么给艾维·李这么高的报酬，施瓦布告诉他的朋友："后来的事实证明，我不是给多了，而是给少了，他的建议至少价值百万。这是我学过的各种所谓高深复杂办法中最让人受益的一种……"

【时间法宝】

让孩子先做该做的事情，再做想做的事情。如果孩子从小就学会先做该做的事情，懂得如何科学地安排各项事务，并在践行的过程中养成高效的思维习惯，那么未来他就更有可能掌控自己的人生。家长该怎样教孩子先做该做的事情呢？

第一步，家长和孩子一起列出事务清单

可以将孩子的事情大致分为两类：该做的事情和想做的事情。该做的事情就是孩子作为学生应该完成的与学习相关的各项任务，比如做作业、背诵、准备考试等；想做的事情就是孩子感兴趣的事情，比如打球、拼乐高、玩电脑等。

第二步，根据事情的紧急程度排序

根据事情的紧急程度，我们可以将事情分为以下 3 个级别：

（1）重要而紧急，需要马上做；

（2）重要但不紧急，可以接下来做；

（3）不重要也不紧急，不一定做。

根据孩子的年龄和任务特点，每个级别大致包括以下的内容：

（1）重要而紧急：比如完成作业、准备明天的考试等，需要马上处理，否则就会带来严重的后果。

（2）重要但不紧急：如期末复习、适当运动、发展兴趣爱好等，对孩子的未来成长和发展非常重要，但不需要马上处理。孩子可以为这些重要但不紧急的事情制订周计划、月计划等，然后按部就班地完成。如果重要但不紧急的事情没有被及时处理，就会变成重要且紧急的事情，让孩子非常被动。

（3）不重要也不紧急：比如供孩子娱乐、享受的事情等。

引导孩子尝试给不同的事情分类，比如用数字来表明事情的级别，数字越小，代表事情越重要且紧急。

【小贴士】

1. 坚持让孩子先做该做的事情，再做想做的事情

家长要坚持让孩子先做该做的事情，再做想做的事情，这是学习效率高的保障。

在孩子假期的时间安排上，家长不必要求孩子一口气做完所有该做的事情，可以让孩子利用上午的时间做该做的事情，利用下午的时间做想做的事情。有时候孩子可能会先做想做的事情，再做该做的事情，还可能会撒泼耍赖，此时家长不能朝孩子发火，应该平和、冷静地坚持自己的想法，帮助孩子养成好习惯。

2. 确保孩子有充足的睡眠

无论在任何时候，家长都要确保孩子有充足的睡眠，哪怕孩子没有完成全部作业，也要按时睡觉。充足的睡眠是孩子身心健康的保证。为了让孩子完成作业，有的家长不惜牺牲孩子的睡眠时间。家长这样做不会让孩子变得高效、负责任，反而让孩子变得更加拖延。

家长应该关注孩子的身体健康，信任孩子的能力，真正唤醒孩子的内驱力。如果作业有了最后的截止时间，孩子就有了紧迫感，他会主动地提高写作业的速度。

【立即行动】

（1）让孩子学会区分事情的轻重缓急。

（2）持续执行时间图、行动清单、番茄钟，每晚家长和孩子一起打卡。

（3）每天都给孩子留出玩耍的时间。

（4）坚持让孩子先做该做的事情，再做想做的事情。

有的孩子会将桌面上的文具摆放得整整齐齐，而有的孩子会将桌面上的文具随意摆放。那些桌面上乱七八糟的孩子，在生活中往往也是丢三落四的人，做事情毫无头绪和条理，在学习的时候很难静下心来。

【故事在线】

"妈妈，我忘拿作业本了，你快帮我送过来。""妈妈，你快帮我送一条红领巾，今天我们学校要升旗。""妈妈，我那个天蓝色的笔记本在哪里呢？"……文熙总是丢三落四的，不是忘带了这个东西，就是找不着那个东西了。

妈妈就像消防队员一样给文熙救火，每次都是火急火燎的，两个人经常因为找东西而浪费大量的时间。文熙从不收拾、整理自己的物品，因为他嫌麻烦，浪费时间。

这一次妈妈下定决心，心平气和地对文熙说："如果你还是不肯收拾、整理自己的物品，那么以后你别指望我会去学校给你送东西。你即使找不着东西了，也别求我帮你找。"

"行，我不找你。"文熙回答得很干脆。

第二天早上出门前，文熙将放在书桌上的作业本胡乱塞进书包里，然后就去上学了。果然没过多久，文熙就给妈妈打来电话："妈妈，你看看我的试卷是否在书桌上啊？我书包里怎么没有那张试卷啊！"

"儿子，我现在在外面忙着呢，看不了！"

"你回去看看行吗？要是我的试卷在书桌上，你就帮我送过来。我求你了。"

"我真的回不去，我要忙了。儿子，加油啊，拜拜！"

晚上回来后，文熙一脸的不高兴。果然不出所料，老师批评文熙了。以前文熙都被妈妈"救"了，这回他可尝到苦果了。

等文熙的情绪恢复平静以后，妈妈温和地对他说："儿子，我们一起来学习整理物品吧。"

文熙认真地整理自己的学习用品，他可不想再被罚，也不想再因此浪费时间。善于整理的人更容易节省时间。

【时间法宝】

很多孩子不爱收拾整理，很重要的一个原因就是没有掌握科学的整理方法，好不容易收拾好的屋子很快又乱了，渐渐地对收拾整理失去了信心。书桌、书包、笔袋和衣柜是非常容易杂乱的区域。科学整理的重点是给每一件物品安排固定的位置，用完某件物品后及时地放回原位。

书桌

书桌主要是孩子学习的地方，建议家长给孩子安排一个相对安静、独立的学习空间，让孩子保持专注、高效的学习状态。书桌的颜色最好是单色的，样式越简单、实用越好。

仅在桌面上摆放台灯和与当前学习相关的必备物品，一定不要摆放玩具或装饰品，因为与学习无关的物品很容易吸引孩子的注意力。家长要尽可能地帮助孩子排除干扰。当然，家长需要锻炼孩子的抗干扰能力，但不是现在。

家长在为孩子挑选书桌的时候，尽量选择书架在旁侧的款式，以便让孩子面前的桌面保持清爽整洁，没有太多的物品。一定要将书籍竖起来摆放，便于孩子抽取。如果将书籍平躺着放，孩子在抽取的时候就容易将书籍弄乱。

书包

相信很多家长都教过孩子如何整理书包。可是一些孩子的书包简直就像一个移动的垃圾桶。一到放学的时候，有的孩子就将书本、试卷胡乱地塞进书包里，很多书的封面都因此折了角。家长要教给孩子简便、快捷的整理方法，比如可以将课本、练习册、试卷等按科目分类，分别装进不同颜色的文件袋里，再装进书包里。这样在上课的时候，孩子就可以将当前科目的资料一次性取出。在课程结束以后，可以先将当前科目的资料装进文件袋里，再放回书包里。

笔袋

有的孩子就连自己的笔或尺子什么时候丢的都不清楚，这大多是因为这些孩子没有养成固定摆放物品的习惯。家长可以给孩子购买分区较多的笔袋，帮助孩子养成固定摆放物品的习惯。如果孩子这样做，笔袋里缺了什么文具，他一看就知道了。

衣柜

衣柜恐怕是孩子们害怕收拾，也是难收拾的地方了。有的家长教孩子先将衣服叠成一个小长方形，再将叠好的衣服依次平放在衣柜里。这样，孩子在抽取下面衣服的时候，稍不留神，就把上面的衣服弄乱了。家长可以让孩子将叠好的衣服竖起来摆放。这样，孩子只需要用一只手轻轻地扒开旁边的衣服，就能取出想要的那件衣服，并且旁边的衣服也不会被弄乱。如果衣柜的空间比较大，就可以将衣服挂起来。将上衣、裤子、裙子等衣服分类摆放。久而久之，孩子就养成了收拾、整理的好习惯。

我们编了一首儿歌，送给孩子们：

书桌上，专注多，物品少；

书柜上，书和本，竖着放；

书包里，文件袋，分类好；

衣柜里，豆腐块，真好找；

养成收拾、整理的好习惯，

专注、高效、有条理。

【小贴士】

1. 鼓励孩子独立完成

日常的收拾整理可以锻炼孩子的自理能力。家长要耐心地教孩子整理的方法，鼓励孩子独自收拾整理。

2. 家长可以提醒孩子，但不宜过多地干涉孩子

家长可以提醒孩子仔细阅读老师的通知，但别越俎代庖。如果孩子遗漏了什么东西，或者找不到某个东西了，家长别责怪孩子，也别主动地帮助孩子。孩子需要为自己的行为负责。

【立即行动】

（1）花一些时间，和孩子一起整理书桌、书包、笔袋和衣柜，并各拍一张照片，保存和欣赏劳动成果，方便孩子以后参照整理。

（2）持续执行时间图、行动清单、番茄钟，先做重要的事情，每晚家长和孩子一起打卡。

（3）每天给孩子留出玩耍的时间。

（4）需要的话，家长和孩子一起调整番茄钟的时长，比如从"15+5"调整为"20+5"。

第 7 站
利用微习惯提高作业的完成质量

"微习惯"出自斯蒂芬·盖斯的《微习惯》，它是一种非常微小的积极行为，由于它遵循大脑运行的规律，符合孩子的心理特点，因此它是极为有效的儿童习惯养成策略。我们整套课程的练习几乎都是建立在微习惯的基础之上——微量练习，轻松养成好习惯。

我们希望家长能够更深入地了解微习惯，并学会灵活地运用微习惯。

通过前面小站的练习，孩子逐渐提高了写作业的速度。但如果作业的完成质量不高，比如错题太多、字迹潦草等，孩子就需要改错或者返工，会因此浪费很多的时间。这一站，家长可以用微习惯来帮助孩子养成一些能够提高作业完成质量的好习惯，进一步节约时间。

【故事在线】

元诚是小学六年级的学生，在数学计算方面老是出错，平均每做 10 道题就得错 4 道。妈妈一再要求元诚在做题时认真仔细，争取做到全对。元诚还是老样子，有时候不愿意听妈妈唠叨了，就索性躲进房间里。

我们建议妈妈改变策略。第一周，妈妈跟元诚商量，从每天练习 100 道题减少到 10 道题，但要确保将错题数量控制在 4 道以内。妈妈一下子将题量减少了这么多，元诚很开心，很轻松地达到了妈妈的要求。

第二周，妈妈和元诚商量，还是每天练习 10 道题，但要将错题数量控制在 3 道以内。元诚还是很开心，很轻松地达到了妈妈的要求。

第三周，还没等妈妈开口，元诚就主动地拍拍胸脯说："这周，我争取做到全对。"妈妈说："不着急，你只要将错题数量控制在 2 道以内就可以了。"元诚说："行！"

第四周，元诚在学校挨了排球教练的批评，回到家后无精打采的，有些不想做计算题。妈妈过来抱抱元诚，并鼓励元诚："就 10 道题，你只需要几分钟就做完了。"元诚不仅迅速做完了 10 道题，而且全部做对。

有意思的是，元诚的语文听写和英语听写也都渐渐地达到了全对的水平。看来，好习惯是会迁移的。

元诚妈妈使用的这个方法，就是我们帮助孩子提高作业完成质量的好帮手——微习惯。

【时间法宝】

孩子可以利用微习惯，逐渐提高作业的完成质量。

元诚的故事其实折射了一些孩子的现状。一些孩子因为作业的完成质量不高，要花费很多的时间来返工，还要在家长的督促下花费很多的时间来"刷题"。在这样一番操作之下，有的孩子丧失了学习的兴趣。

现在，家长可以试着用微习惯来帮助孩子改变现状。

第一步，家长和孩子一起确定适合的微习惯

家长和孩子一起确定 1 ～ 3 个微习惯。家长要注意两个关键点：

（1）微习惯的个数不应该超过 3 个。孩子的注意力非常有限，如果微习惯的个数太多，就不利于孩子坚持。让孩子坚持练习微习惯，等习惯养成之后再更换新的微习惯。

（2）微习惯的内容一定要微小，比如每天做 10 道口算题，听写 15 个词语，背 5 个单词，读 5 页书，等等。习惯形成的关键是持续重复，日复一日。微习惯可以让孩子轻松做到这一点。

第二步，找到每个微习惯的重要意义

如果孩子觉得某件事情有意义，就愿意付出努力。孩子练习口算、听写、背诵单词等，是为了提高作业的完成质量，考出好成绩，利用节省出来的时间去做自己喜欢的事情。家长在跟孩子寻找"意义"的时候不要谈人生起落的大道理。因为孩子大多活在当下，在意的是眼前的利益，那些人生起落的大道理不能激励孩子努力学习。

第三步，追踪记录完成计划的情况

将表格贴在醒目的地方，每天记录完成计划的情况。在完成的计划后面"√"，在没完成的计划后面画"△"。孩子能够看到自己每天的进步与变化，获得的成就感和满足感更能激发自己的斗志，鼓舞自己努力坚持。

孩子的"认真""仔细"不是家长强调和提醒出来的，而是家长通过习惯培养出来的。

【小贴士】

1. 微习惯的适用范围很广，家长可以根据需要举一反三

比如：

每天练 1 页字帖

每天听 5 分钟英语

每天感谢 1 个人

每天吃 1 种水果

每堂课举手 1 次

每天做 1 件好事

每天做 1 件家务事

每天清晨喝 1 杯温水

2. 综合分析孩子写作业的情况，别盲目确定微习惯

家长要综合分析孩子的作业完成质量不高的原因，有针对性地确定微习惯，这样才能有效地帮助孩子，否则就可能白费力气。

比如有一个七年级的孩子，数学成绩总是不理想。妈妈觉得孩子的数学成绩之所以不理想，是因为孩子的计算能力弱。按照这个因果分析，妈妈让孩子反复"刷题"。但是我们通过仔细观察发现，这个孩子数学成绩不理想的原因是不能正确地理解题意。如果孩子能够正确地理解题意，他就能够做对题。这个时候孩子需要确定的微习惯就不是"计算"，而是"阅读"。孩子需要通过阅读来提高阅读理解能力。

【立即行动】

（1）家长和孩子一起确定三个重要的微习惯。

（2）持续执行时间图、行动清单、番茄钟，先做重要的事情，为孩子提供干净、整洁的学习环境，每晚家长和孩子一起打卡。

（3）每天都给孩子留出玩耍的时间。

（4）可以根据孩子的情况，再次调整番茄钟的时长，比如从"20+5"调整为"25+5"。

第 8 站
制订学习计划，稳步提升学习成绩

"凡事预则立，不预则废。"孩子要想在学业上不断地取得进步，就需要制订适合自己的学习计划。

【故事在线】

林雯读小学五年级，她的学习成绩一直不理想。她的父母很着急，想方设法地帮她提高学习成绩。她的妈妈说："女儿看似每天都没闲着，可学习成绩就是不理想。难道她真的不是一块学习的料？"

面对基础知识不扎实的林雯，父母和她一起制订了学习计划，鼓励她"笨鸟先飞"，不仅要求她完成当天的作业，还要求她抽出时间复习前面所学的功课。林雯起初也能兴致勃勃地配合，每天照着父母的要求去做，可是后来她经常找理由逃避学习，对父母产生了抵触情绪。

我们建议林雯的父母调整策略，多让林雯自己做主，小步慢行，稳步前进。

父母和林雯一起商定每天的学习时间，并且由林雯自己来确定目标，并制订计划。降低了目标，减少了学习的时间和内容，林雯的学习成绩反倒提高了，而且林雯仍在不断地进步中，变得越来越自信。

林雯的父母觉得不可思议，也终于领悟：孩子的好成绩不能盲目地靠"时间＋汗水"来获得，要教孩子制订科学的学习计划。

【时间法宝】

家长要和孩子一起制订学习计划，稳步提升学习成绩。家长要相信：每一个孩子都是"学习的料"。只有抱着这样的信念，家长才会不断地努力，在遇到困难的时候也会积极思考，不会轻易退缩。

家长在和孩子一起制订学习计划时，要遵循孩子的身心发展规律和心理特点，顺势而为，帮助孩子稳步提升学习成绩。著名管理大师戴维·艾伦提出了GTD（把需要做的事情处理好）理论体系，GTD的五个流程是：收集信息、明确意义、组织整理、思考回顾、选择行动。我们根据戴维·艾伦的GTD和儿童的心理特点，提出了儿童版的GTD，主要有以下三步：

第一步，确定目标

首先要确定目标，因为目标是孩子行动的方向。一个好的目标需要具备以下四个特点：

（1）表述具体。目标越具体，比如口算正确率达到90%，一分钟跳绳达到100个等，孩子越容易达成。而"提高学习成绩""加强体育锻炼"等文字表述不是一个具体的目标，孩子不容易达成。

（2）时间明确。是一周、一个月，还是半年、一年，一定要有一个明确的时间范围，否则面对一个模糊的时间节点，孩子该怎样付出努力呢？家长可以先和孩子一起制订一周的学习计划。

（3）可实现。确定的目标要符合孩子的自身情况，不要好高骛远，也不要盲目攀比，让孩子通过努力可以实现。比上周少错2道口算题，多背2个单词，等等，都是孩子可以努力完成的小目标。对孩子来说，成功是成功之母，众多的成功经验能够让孩子提高自信心，让孩子拥有克服困难的勇气。

（4）有意义。面对有意义的目标，孩子更有动力去实现。如果确定的目标只是家长的一厢情愿，孩子的执行力就会大打折扣。如果孩子想先提高口算的正确率，而家长想先让孩子提高阅读理解能力，那么这个时候家长要以孩子的意见为准。孩子在解决问题的过程中获得的经验和成就感，会迁移到学习上来。

不宜让孩子确定太多的目标。如果确定的目标数量过多，孩子的注意力和精力就容易分散，目标完成率可能会不理想，不如集中"火力"，完成一个目标，更能让孩子获得成就感，蓄足信心和勇气继续前进。

第二步，列出事项清单

家长可以引导孩子思考：为了完成每一个小目标，需要做哪些具体的事情呢？然后让孩子列出详细的清单。这是很关键的一步。我们建议清单所列的事项不宜过多，否则，面对一份庞杂的事项清单，孩子该准备逃跑了。

即使孩子自己制订了一份详细的学习计划，家长也别高兴得太早，因为大部分孩子难以坚持完成。家长应该怎样做呢？不要让孩子用"题海战术"盲目练习，而要尽可能地让孩子进行"刻意练习"。家长要帮助孩子精减清单的内容，增强孩子的自信心。

第三步，填写周计划表

让孩子把每天需要完成的任务填到周计划表里。把周计划表贴在醒目的地方，最好是孩子的书桌前。孩子每完成一项任务，就在后面做上一个标记，可以是"√""—""☆""△"等。看着表格上渐渐布满各种标记，孩子的成就感、满足感和喜悦感就会越攒越多，为后续发展积蓄力量。

【小贴士】

家长在和孩子一起制订计划的时候，需要注意以下几点：

1. 尊重孩子的意见

无论是确定目标，还是列事项清单，家长都要尽可能地尊重孩子的意见。对于自己参与并认可的事情，孩子更愿意努力去做。有的家长自认为给孩子确定了一个很合适的目标，并督促孩子认真完成。一旦孩子没有做到，家长就气急败坏地责怪孩子不肯努力。家长应该是孩子的"引导者"，而不是"强权者"，别一把夺过孩子的人生指挥棒，孩子的人生要由孩子自己做主。家长应该多尊重孩子的意见，做孩子的成长教练。

2. 当孩子完成计划时，家长要及时地肯定孩子

哪怕孩子只完成了一部分计划，家长也要及时地肯定孩子。有的家长容易忽视孩子的努力，认为孩子做到是应该的，没做到就要受到批评。然而事实是：完成全部计划对孩子来说并不是一件容易的事情，即使是成年人也很难不折不扣地完成全部计划。

3. 当孩子没有完成计划时，家长别批评、指责孩子

孩子没有完成计划是非常正常的事情。如果家长因此批评、指责孩子，孩子就很可能不愿意继续尝试了。家长可以先肯定孩子做到的部分，再和孩子一起分析没有完成计划的原因，然后和孩子一起调整计划。

俊杰计划每天早上 6：50 之前起床。计划执行一周之后，俊杰只有两天早上做到了 6：50 之前起床。这个时候，家长一定不要批评俊杰，可以对俊杰说："孩子，你有两天早上做到了 6：50 之前起床，我真开心！"听到家长这样说，俊杰不仅更乐意继续执行计划，还主动提高对自己的

要求。接下来，家长再和俊杰一起分析没有完成计划的原因，调整计划的内容。从每天赖床到每天早晨 6:50 之前起床，这对俊杰来说有些难度。家长不妨建议俊杰将计划调整为"每周三天早晨 6:50 之前起床"。在接下来的一周，俊杰就做到了一周四天早晨 6:50 之前起床，这样他离最初的目标又近了一步。

【立即行动】

（1）和孩子一起制订一份学习计划。

（2）持续执行时间图、行动清单、番茄钟，先做重要的事情，为孩子提供干净、整洁的学习环境，每晚家长和孩子一起打卡。

（3）每天都给孩子留出玩耍的时间。

03

第三部分

家长的教练必修课

第 1 课
给孩子提供适宜的家庭土壤

如果没有外力阻拦,所有的生物都会顺应自然趋势长成它最好的样子,你的孩子也是一样。

——阿尔瓦罗·毕尔巴鄂

一、孩子天生爱学习

有的家长很难接受"孩子天生爱学习"的观点,因为他被自己的孩子伤透了脑筋。

作为家长的你不妨来设想一下:你突然被扔在一座陌生的小岛上,你不懂当地的语言和风俗,无法跟岛上的居民交流,几乎没有可以使用的任何技能,你需要多久来适应环境呢?这不是我们的孩子自出生以后就面临的问题吗?在两三年的时间内,孩子们学会了吃饭、走路、说话等本领。著名心理学家史蒂芬·平克曾说过:"为了生活而奋斗、对自由的渴望以及对自身幸福的追求,这些都是我们 DNA 里的一部分。"带着好奇心去学习和探索是人类的本能,这种本能从婴儿时期就已经开始出现了。那为什么在现实生活中有很多孩子不爱学习呢?在孩子 3 岁以前,家长通常不会焦虑,因为家长相信孩子肯定能学会吃饭、走路、说话,只是时间早晚的问题。而在面对孩子的学业问题时,一些家长感到焦虑,担心自己不盯紧点，孩子就不会好好学习。当然，有的家长仍然能平和、淡定地静待花开。

从容淡定型的家长，从不逼孩子学习，孩子的学习成绩却让家长非常省心。不是因为这类家长的运气好，而是因为这类家长信任孩子，愿意放手让孩子自己尝试，孩子的能力在这个过程中得到了充分的锻炼和发展，孩子因此获得了更多良性、积极、正向的反馈，变得更爱学习。

高度焦虑型家长，将孩子盯得特别紧，生怕自己一松手，孩子就会荒废学业，经常控制、逼迫孩子，甚至严厉打击孩子，在这个过程中孩子各方面的能力都没有得到锻炼，孩子得到的是一些不愉快的体验。有的孩子甚至认为，家长只会逼迫他学习，根本就不爱他，他是为家长学的。这些家长也由此证明了"我的孩子天生就不爱学习"的观点。

个人对他人或自己所形成的想法，会影响他人或自己的行为，最后导致他人或自己的表现符合一开始预期的态度及行为，就好像印证了他人或自己的预言一样，这样的现象就被称为自我实现预言。所以，家长要相信"孩子天生爱学习"，不断地给孩子积极正向的反馈。家长要像扶孩子学走路一样，淡定地放手，让孩子自己尝试，充分锻炼和提升孩子的学习能力。在孩子遇到困难或挑战时，家长应该相信自己的孩子一定行，不焦虑，不急躁。在孩子遭遇失败时，家长应该积极地帮助孩子查找原因，帮助孩子重新振作起来。

二、家长做好家长，孩子也会做好孩子

有的家长可能会问："既然孩子天生爱学习，家长就不用管孩子了吗？可不管孩子能行吗？"家长不管孩子，这是当然不行的，就像小树生长需要阳光、水分和养料一样，孩子的茁壮成长也需要家长的支持。

根据马斯洛需求层次理论，我们设计了儿童版的需求金字塔，见图3.1。

探索、
学习、思考、
创造、目标
自我实现

自尊、自由、
信任、被重视
尊重

亲情、友情、关怀
联结和归属感

稳定、规律、秩序、
受到保护、不受威胁、没有恐惧
安全

食物、水、睡眠、卫生
基本需求

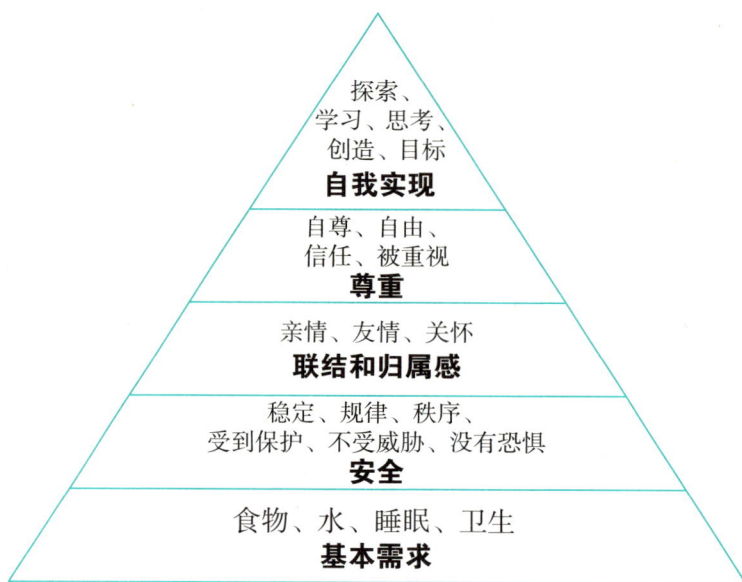

图 3.1 儿童版的需求金字塔

如果家长希望孩子站在金字塔的顶端——主动学习、积极上进、追求卓越，就必须先满足孩子以下四个层次的需求。

第一层是基本需求，让孩子能够存活下来，包括给孩子提供食物和水，保证睡眠，确保生活环境卫生，等等。这一层是孩子赖以生存的基本条件。

第二层是安全需求，要为孩子提供安全的家庭环境。父母不仅要保护孩子外在的安全，让孩子远离危险和侵害，还要有平和、稳定的情绪，建立规则和秩序，给孩子内在的安全感。人只有在内心安定之后，才会积极探索、努力学习、发展自我，成为一个独立的人。

第三层是联结和归属感需求，就像小树要浇水一样，孩子也需要父母的情感滋养，与父母联结并形成紧密的依恋关系，得到父母的认同和接纳。被亲情滋养的孩子，内心温暖、积极、主动、负责任。

第四层是尊重的需求，就像树木需要生长空间那样，孩子也需要他人的尊重、信任和自由，否则孩子的探索欲就会被束缚在一个狭小的空间里。

在充足的空间里，孩子的能力会得到充分的锻炼和提升，潜能得以释放，孩子还可能会创造奇迹。

儿童版的需求金字塔的每一层都为孩子的茁壮成长提供了必要的养分。如果家长从孩子出生起就踏踏实实地做好下面四层的事情，那么孩子也一定会像树枝努力追逐阳光一样来到最顶层——追求自我实现，热爱学习、勇于探索、积极奋进，成为一个幸福、积极的终身学习者。

然而，一些家长催促、唠叨、逼迫孩子，有时恨不得用鞭子抽孩子，这就如同小汽车跑不动了，家长不仔细查找原因，不知道想办法重新启动小汽车，就只知道用蛮力推一样。短期来看，这样做或许有一定的效果，但长期这样做不仅解决不了问题，还会产生一系列令人头疼的麻烦。家长要学会引导孩子自己想要，自己想跑，自己想飞。一旦唤醒孩子的内驱力，孩子就会有无限的可能。

两位热衷教育的美国经济学家马赛厄斯·德普克和法布里奇奥·齐利博蒂，对家庭教育行为进行了大量的研究和对比，在控制了多方面的因素之后，他们发现，权威型家庭的孩子教育成就是最高的，其次是专断型家庭的孩子和放任型家庭的孩子。他们在《爱、金钱和孩子》一书中说："当我们考虑硕士以上学位，如博士学位时，教养方式的影响会变得更大。"

权威型、专断型、放任型的教养方式，是由美国心理学家戴安娜·鲍姆林德确定的三种教养方式。

1. 权威型教养方式

权威型教养方式是一种理性且民主的教养方式，这种权威来自父母对孩子的理解和尊重，父母试图影响孩子的选择，但一定不是通过强制或命令，而是通过积极沟通和努力塑造孩子的价值观来达到目的。这类父母会对孩子施加一定的控制，但不会完全限制孩子的自由，他们鼓励孩子有自己的想法。

这种教养方式下的儿童独立性、主动性都很强，善于自我控制和解决问题，自尊感和自信心较强，保持着强烈的好奇心和求知欲。

2. 专断型教养方式

专断型的父母要求孩子绝对服从自己，并且严格控制孩子，很少考虑孩子自身的需求或意愿，喜欢用惩罚性、强迫性的手段限制孩子的自我意志，认为孩子就应该乖乖地听话。

这种教养方式下的儿童常常表现出焦虑、退缩和不快乐，主动性、自律性和适应性都比较差。这类孩子一旦脱离父母的管制，便一发不可收拾。

3. 放任型教养方式

这类父母放任孩子自己做决定，即使孩子还不具备这种能力。这类父母很少向孩子提要求，也不会坚决制止孩子的不当行为。

这种教养方式下的儿童大多很不成熟，自控力比较差，举止随意，容易冲动，往往缺乏毅力，欠缺责任感，自信心不足。

家长发现什么了吗？权威型教养方式对孩子学习热情和主动性的保护是非常好的。人们通过研究大量的数据之后发现，在权威型教养方式下成长的孩子不仅在学业方面表现得更好，还有更高水平的幸福感和自尊感。

三、怎样学习教练必修课

本章包含八节教练必修课，前面的课程是后面课程的基础和前提，帮助家长为孩子营造较为完善的家庭教育系统。我们建议家长一周学一节课，循序渐进地学习，认真地完成课后的思考与练习。学过教练必修课的家长，会和孩子相处得更加融洽，孩子也会因此变得更加自信、积极、主动。我们期待家长静下心来，以空杯心态，带着爱和耐心，和孩子一起去经历和体验这个成长的过程。

四、思考与练习

（1）关于养育孩子，你有哪些新的认知？

（2）在养育孩子方面，你还有哪些需要改进或完善的地方？

第 2 课
培养孩子的好习惯

好习惯使时间成为你的盟友，坏习惯使时间成为你的敌人。

——詹姆斯·克利尔

一、家长盯紧点儿，就能让孩子养成好习惯吗

家长盯紧点儿，就能让孩子养成好习惯吗？如果真的是这样，养育孩子就变得简单了。然而现实真的是这样的吗？

有的孩子在上小学的时候能够按时完成作业，学习成绩也不错，是大家眼中的好学生，可是上了初中以后，学习成绩就开始下滑，不肯好好学习，也听不进去父母的话。为什么这些孩子将好的学习习惯丢弃了呢？合理的解释就是强制手段不能让孩子养成好习惯，孩子只是迫于家长的威严乖乖服从罢了，等他上了初中以后，老师和家长都镇不住他了，他就会原形毕露。

专断型教养方式的弊端之一就是家长剥夺了孩子练习和提升能力的机会，忽视了孩子的多项心理需求，比如自由、尊重、信任等，还因为控制和责骂破坏了孩子的安全感，最终的结果是，孩子不但没有养成好习惯，还与家长严重对立。更令人担忧的是，有的家长面对失控的孩子，误以为自己盯得还不够紧，遂加强对孩子的监管，导致孩子在泥潭中越陷越深。

当然，我们不能断言所有专断型教养方式的结局都是如此。

电影《摔跤吧！爸爸》根据真实的故事改编，影片中的父亲在训练场上对两个女儿高标准、严要求，最终两个女儿获得了辉煌的成就。我们真正要关注的不是这个父亲对孩子的严格要求，而是这个父亲在满足孩子的心理需求上所付出的心血。

二、怎样才能养成好习惯

关于如何培养好习惯，詹姆斯·克利尔的故事能带给我们一些触动和启发。

詹姆斯·克利尔是一名普通的美国人，他在上高二的时候被意外脱手飞驰而来的网球棒击中头部，伤势惨不忍睹，险些丧命。这场横祸让他一度非常沉沦，他以为自己没法再回赛场了。转折发生在他受伤两年以后，他进入了大学，生活有了新的开端，也正是在这里，他发现了蕴含在小习惯中的惊人力量。詹姆斯不断地改善自己的睡眠习惯、学习习惯和运动习惯，大四的时候他的努力有了结果，他被选为该校的顶尖男运动员，并在毕业的时候获得了该校的最高学术荣誉，实现了了不起的突破。詹姆斯认为，这都是因为好习惯让他最大限度地发挥了自身的潜力。

2012 年，他开始在自己的主页上发表文章，分享他对习惯的研究，文章的阅读量超高。后来他又成立了习惯学院，并在自己的畅销书《掌控习惯》中总结了行为转变的四大定律：让它显而易见，让它有吸引力，让它简便易行和让它令人愉悦。

在养育孩子的过程中，家长面对的不是一根木头，而是一颗聪慧、有灵性的大脑，自然不能用捆木头的方式来束缚孩子的大脑。家长该如何利用詹姆斯的四大定律来培养孩子的好习惯呢？我们结合孩子成长的特点及特殊性，总结了五个基本原则。家长需要牢记这五个基本原则，并且持续去做，终有一天会发现，培养孩子的好习惯一点儿都不难。

三、五个基本原则

1. 做孩子的榜样

模仿是孩子的一种学习方式。孩子通过观察家长的一举一动、一颦一笑，在自己的大脑里不断地演练家长处理问题的方式，在遇到类似的场景时，他便采取同样的处理方式。因此，如果家长想让孩子养成良好的行为习惯，就要做孩子的榜样。家长不能一面要求孩子行动迅速、按时作息、做事有条理，一面又给孩子做了反面教材。家长不妨把为人父母当成一次机会，借此成为更好的自己。

2. 让孩子意识到自己的问题

笔者曾看到一则有关收银员的趣事：每当顾客刷完礼品卡里的余额，收银员就要按照店里的规定将空卡剪成两半。有一天，在连续接待了几个刷光了礼品卡的顾客之后，收银员麻利地拿起剪刀将当前顾客的信用卡一剪两半。收银员连贯自如地完成一系列动作之后抬起头来，看到目瞪口呆的顾客，才意识到刚才发生了什么。一个人重复同样模式的次数越多，就越不太可能意识到自己在做什么，或者不觉得自己这样做有什么问题。

孩子经常被老师投诉上课做小动作，被家长训斥写作业拖拉磨蹭……其实很多时候，孩子自己并不自知，他只是觉得老师或家长成天跟自己过不去，想方设法找自己的碴。如果你想要有效地解决问题，就一定要让问题显而易见。

8 岁的小辉，经常被老师说上课开小差。妈妈的批评、吼叫、打骂都对小辉没用。笔者给了小辉 5 张便利贴，鼓励他每天记录自己上课开小差的次数，发现一次就记一次。小辉的妈妈担心小辉的记录不真实，担心小辉故意瞒报开小差的次数。笔者建议小辉的妈妈耐心观察，每天早晨出门前提醒小辉做记录，下班回来后认真查看记录就可以了，不要多说话，更不能批评小辉。只要小辉完成了记录的任务，妈妈就要及时地肯定他。两周以后，老师说小辉最近专心听课的次数越来越多，表现得越来越好。这个记录的任务让小辉开始有意识地观察自己的行为。有时候，家长仅仅让孩子意识到自己的问题，就能让孩子改变自己。

我们还要提醒各位家长，让孩子意识到自己的问题一定不能靠说教、批评、训斥等方式。因为说教、批评、训斥的方式违背了"让它令人愉悦"这条定律，不能让孩子养成好习惯。

3. 家长要及时地肯定和鼓励孩子

在培养孩子好习惯的过程中，家长要及时地肯定和鼓励孩子。然而，有的家长一旦发现孩子做错了、做得不好，就去批评、纠正孩子。这种负强化不仅没法帮助孩子养成好习惯，还会让坏习惯越来越顽固。家长的肯定和鼓励是孩子养成好习惯的催化剂和稳定剂。

4. 家长慢慢来

在培养孩子养成好习惯的过程中，家长一定不能着急，慢慢来，要让孩子每次前进一小步，获得自信心和成就感，稳扎稳打地前进。让孩子养成好习惯，就像让孩子在草地上开辟一条新的道路。为了让孩子开辟这条新的道路，就必须先让孩子离开原来的老路。没有什么比接连不断的小进步，更能持续激励和强化孩子的行为了。

"家长慢慢来"是培养孩子好习惯的一个重要原则。

5. 让孩子感到愉悦

孩子养成坏习惯比养成好习惯容易多了，为什么呢？因为坏习惯可以给孩子带来即时的满足感，但后果会延迟；而好习惯则正好相反，当前孩子可能不会感到愉悦，但最终的结果是好的。用詹姆斯·克利尔的话来说就是，你要在当下为良好的习惯付出代价，你要在将来为坏习惯付出代价。

孩子是活在当下的一群人，草草地写完作业，就多了 5 分钟玩耍的时间；将脱下来的袜子往沙发上一扔，就少走了 5 步路；控制不了自己玩电子游戏，就先玩了再说……根本不会想自己这样做有什么后果。如果父母在养育孩子的过程中，总爱唠叨、催促孩子，朝孩子发脾气，等等，给孩子带来不好的体验，孩子就会因此非常痛苦。更麻烦的是，有的孩子会渐渐地把这些痛苦的体验和具体的事情联系起来，学习＝痛苦，吃饭＝痛苦，睡觉＝痛苦，起床＝痛苦……一个始终处在痛苦中的孩子，怎么可能积极、主动地去迎接生活中的每一天呢？

有的家长可能会问："家长在教育孩子的过程中，肯定会给孩子一定的约束，哪可能一直让孩子感到愉悦呢？"由于大脑发育不成熟，思维不够理性，孩子可能会有一些不合理的要求或举动，因此家长要限制孩子，比如要求孩子按时起床、按时睡觉等。家长的一些限制对孩子的成长是有益的，能让孩子获得长久的愉悦。但要注意的是，家长要避免语言暴力或行为暴力，允许孩子犯错，耐心地引导孩子，及时地肯定和鼓励孩子。家长还可以采用各种游戏打卡的方式来增添乐趣，缓解孩子的抵触情绪。希望孩子亲近的事物，家长就要想办法让孩子感到愉悦。

每当家长在教育孩子的过程中感到迷茫时，家长可以问自己五个简单的问题：

（1）我自己做得好不好？

（2）我该怎样让孩子意识到他自己的问题？

（3）我是否能够及时地肯定和鼓励孩子？

（4）我的家教方法是否适合孩子？

（5）孩子感到身心愉悦吗？

家长在为孩子确定目标时，一定要符合孩子的心理特点和成长规律等。

四、思考与练习

（1）你在培养孩子好习惯的过程中，最常采用什么样的方法呢？

（2）你应该在哪些方面做出调整呢？

在所有因素中，对孩子的教育影响最大的是家里的谈话。

——威廉·坦普尔

一、好沟通才有好教育

在家庭里，亲子沟通要像空气一样无处不在。亲子沟通的质量会影响孩子学习和成长的质量。

良好的亲子沟通，主要有以下五项重要的功能：

1. 赢得孩子的配合

如果孩子能够听从家长的教导，就会少走弯路，少犯错误，能够更快地成长，实现突破。如果家长与孩子之间合作得好，就能形成较大的合力。

孩子的大脑尚未发育成熟，还不能理性地思考和决策。孩子之所以采纳家长的建议，往往不是因为家长的方法有多好、道理有多对，而是因为孩子爱家长，愿意听家长的话。有的孩子，不管家长的方法有多好，也不管自己多么需要家长的帮助，就倔强地一意孤行，白白地浪费自己宝贵的时间和精力。

良好的亲子沟通就像一双温暖有力的手，挽着孩子的身和心，让孩子脚步轻快地跟着家长。如果孩子依恋家长、敬爱家长、信任家长，就愿意尝试家长推荐的新事物、新方法。

2. 调动孩子的积极性

每个人都想做自己学习和生活的主人，孩子也不例外。但是，因为年龄的关系，孩子常常被家长安排。时间久了，孩子就会渐渐地失去学习的主动性，变得消极、被动。家长的确可以要求孩子学些什么、做些什么，但是汲取什么、吸收什么、保留什么，却只能由孩子自己说了算。

家长尊重和信任孩子，给孩子较大的自由发挥空间，让孩子拥有归属感、自主感、掌控感、成就感等，有助于充分调动孩子学习的积极性。

3. 优化孩子的大脑发育

每个家长都希望孩子拥有一颗聪慧的大脑。基因是决定智商的一个重要因素，但不是决定因素，正如杰出的精神学家吉尔伯特·戈特利布所说，在我们的发展过程中，基因和环境不仅仅是相互协作的关系，基因更需要环境的帮助来更好地运作。大脑超强的可塑性给了教育者极大的发挥空间。

良好的亲子沟通能为孩子提供良性、积极、丰富的刺激，将大脑塑造成一座设施精良、功能完善、高效运转的现代化大楼。如果父母经常训斥、打骂、恐吓孩子，让孩子长期处在一个充满慢性压力的环境中，那么孩子大多会有学习困难等问题。换句话说，孩子的大脑会在一个充满慢性压力的环境中慢性中毒，变得笨拙。

人们常说，不让孩子输在起跑线上。孩子真正的起跑线，不是优越的物质条件，不是住好房子、上好学校、上昂贵的补习班，而是一个充满关爱、理解、信任的成长环境。

4. 唤醒孩子的潜能

每个孩子都有一座潜能巨大的宝库，但他无法独自开启，需要思想成熟而又有智慧的家长的帮助。开启宝库大门的钥匙就是良好的亲子沟通。良好的亲子沟通有助于孩子提高专注力、记忆力、思维力等。

如果家长经常粗暴地对待孩子，孩子就会使出各种应对招数，比如拖拉磨蹭、说谎逃避、强硬对抗等，这些招数会阻碍孩子的成长和发展。一个不必担心犯错之后会遭到责骂或惩罚的孩子，能够放开手脚，大胆地去探索和发现，专注于成长，充分发挥自己的潜能。

5. 良好的人际交往能力

和谐、融洽的人际关系，能够滋润孩子的身心，为孩子的成长助力。如果孩子与他人相处不融洽，经常跟老师、同学等人发生摩擦，就会阻碍学业的发展，错过许多难得的机会。

家长平时的社交也会影响孩子的人际交往，影响孩子看待和理解他人的态度。因此，家长需要提高自己的人际交往能力，给孩子做好示范。

二、亲子沟通的五个原则

原则一：尊重和信任孩子

尊重和信任是良好人际沟通的基础。其实家长都懂这个道理，只是在面对孩子的时候容易忽略。

举个例子，朋友来你家里玩，不小心打碎了一个杯子，你肯定不会对朋友说："你连个杯子都端不好吗？你马上给我收拾了！真不知道你还能做什么。上次张三来我们家，端了一个更大的杯子，他都端得稳稳的。"如果你这样对朋友说，就说明你不仅没有尊重朋友，还质疑朋友的能力，你和朋友就可能没有以后了。可是，有的孩子经常听到家长说类似的话。孩子更加需要家长的尊重，因为孩子是一个未成年的个体，他需要从家长这里获得信心和力量，以便完成自己的自画像。

家长要尽量少做以下十件事：

（1）**说教**——喋喋不休地训斥孩子，给孩子讲大道理，典型的结尾是"你有没有听见？""你有没有记住？"。

（2）**威胁**——对孩子的行为表现感到不满，打骂或恐吓孩子。

（3）**命令**——以强硬的口吻要求孩子做出某些行为，孩子只能无条件地服从。

（4）**冷漠**——对孩子遇到的问题或困难采取回避、不接受的态度，把冷漠当成激励，比如对孩子说"你考的成绩这么差，你别说是我儿子！"。

（5）**刻意感动**——假装哭泣或做一些令孩子感动的事情，希望用内疚感来绑架孩子，让孩子听从自己的话。

（6）**交换**——用有吸引力的事或物换取孩子的某种行为，比如对孩子说"你现在好好做作业，我就给你买巧克力"。

（7）**无原则地让步**——为了让孩子尽快有所行动，或者害怕与孩子发生冲突，无原则地做出一些让步，比如对孩子说"只要你肯写就行，可以只写五个生字"。

（8）**比较**——无视孩子的个体差异，常拿自己的孩子和别人家的孩子做比较，让别人家的孩子成了自己孩子的敌人。

（9）**错误评判**——如果孩子的行为不符合家长的价值观，孩子就是不道德的，或者是有问题的。

（10）**回避责任**——家长将本该自己承担的责任推到孩子的身上。

如果家长没有真正地尊重孩子，那么孩子可能会从家长的言行中感受到：

家长不相信我能自己解决问题。

家长认为我不聪明。

家长不相信我在努力。

我是一个很差劲的孩子。

家长不在乎我的感受，什么都比我重要。

家长如何才能做到尊重和信任孩子呢？答案是：家长如何对待自己的朋友或同事，就如何对待自己的孩子。最大的区别可能是家长必须阻止或拒绝孩子做某些事情，前提是家长不能伤害孩子的自尊心。

被尊重和信任的孩子，才更有可能自尊、自信、自爱。

原则二：先处理情绪，再解决问题

家长一定要记住，在自己或者孩子情绪激动的时候，不要急着解决问题，应该先处理情绪，再解决问题。因为强烈的情绪反应会放大或歪曲事情的严重性，诱使人们在冲动时做出错误的判断，反而会把事情弄得更加糟糕。从家长大吼大叫发脾气开始，后面所发生的一切都与教育无关，只是家长在宣泄自己的情绪。如果家长有强烈的情绪反应，就可以用以下三步法平复自己的情绪。

第一步：深呼吸。 在冲孩子发火前，家长先闭上眼睛，默念"亲生的"，深吸一大口气，让腹部膨胀，憋住气，再默念"我要命"，然后均匀地将气息吐净，暗示自己吐出心中怒气、烦恼和不愉快。接着，家长将上述的动作重复几次，让自己的呼吸渐渐地平缓，让自己的情绪渐渐地平复。

第二步：赶紧离开那个让自己生气的场景。 如果家长在深呼吸之后，仍然无法平复自己的情绪，就先离开那个让自己生气的场景。人们的情绪反应像一个倒"U"字，不会一直高涨，只要不再接受外在的刺激，到达顶峰之后就会渐渐地滑落，直至恢复平静。

在离开那个让自己生气的场景之前，家长可以对孩子说："我现在非常生气，但是我不想吼你，我先去冷静一下，过一会儿再过来找你谈话。"

如果家长发现自己在生气的时候什么话都说不出来，那就最好在心平气和的时候告诉孩子："如果我突然转身走了，那不是因为我不要你了，而是因为我很生气，被你气得说不出话来了。我不想朝你发脾气，我想自己冷静一会儿，你不要跟过来。等我平复情绪以后，我就会过来找你。"这样做的目的是让孩子安心，因为不管多大的孩子，家长的突然离开都会让孩子觉得自己被抛弃了。家长也可以和孩子约定一个手势。在家长快要爆发情绪的时候，孩子用这个手势来提醒家长冷静。我们将这个手势称为"爱的手势"。

第三步：肌肉放松法。具体的做法是先握紧拳头，紧到不能再紧，然后默念"休想让我变丑"，慢慢伸开手，体会放松的感觉，将上述的动作重复几次，直到情绪恢复平静。

原则三：与孩子划清界限

与孩子界限不清的家长，总是吃力不讨好。有的家长为孩子操碎了心，孩子却一点儿都不领情。如果家长对孩子的事务干涉过多，孩子接收到的信息就是家长的不信任。孩子由此产生的无力感可能会导致两种后果。一种后果是孩子感到愤怒，与家长对抗、较劲，爆发亲子冲突。另一种后果是孩子索性放弃，失去自信心和动力。有的孩子将大量的精力消耗在与家长"对抗"或者"内耗"上，无法专注于学习和成长。

孩子需要独自处理一些事情，以便培养自信心、责任感和自制力等。如果什么事都由家长做决定，孩子就永远学不会独立思考。那么，哪些事情归孩子负责，哪些事情需要家长操心呢？答案就是：

不影响生命安全、身体健康和社会公德的事情，由孩子自己负责。家长可以给孩子建议，但要允许孩子说"不"。

与孩子有关，有安全和健康隐患，影响到他人利益，违反社会公德的事情，比如看电视的声音太大，在公共场所追逐打闹，影响课堂秩序，等等，家长需要严肃认真地管。

对于从前事事都要管的家长来说，放手的确像一次冒险。很多家长宁可自己心力交瘁，也不肯轻易放开孩子的手，生怕自己一松手就会天下大乱。

就像孩子刚学走路时会摔跤一样，不给孩子摔跤的机会，孩子就永远学不会走路。如果家长用教孩子走路的心态去看待孩子的学习，给孩子提供宽松、自由的环境，孩子就能不断地总结、收获和成长。

家长要相信孩子的判断力。在家长给孩子讲清楚事情的利弊以后，孩子大多能做出比较明智的决定。有时家长过度干涉孩子，容易激发孩子的反抗意识。学习是孩子自己的事，家长一定要逐渐退出孩子的学习，培养孩子独立自主的学习习惯。如果家长一直主导孩子的学习，孩子就会缺乏自主学习的动力。

原则四：盯着孩子的优点和进步

美国心理学家塞利格曼在 1967 年用狗做了一项经典试验：先把狗关在笼子里，只要蜂鸣器一响，就给狗电击，狗很痛苦，但无法逃避。重复多次以后，蜂鸣器一响，在电击之前就先把笼门打开，可是狗不但不逃，还不等电击出现就先倒在地上开始呻吟和颤抖。本来狗可以主动地逃出笼门，却绝望地等待痛苦的来临，这就是著名的"习得性无助"。

可是，"习得性无助"和孩子的学习有什么关系呢？家长怎么可能电击孩子呢？事实上，如果孩子每天听到的都是"这不行！""那不对！""你怎么又错了！""你什么都做不好！""你看看人家！"……就会陷入深深的挫败感和无力感当中，觉得自己不管怎样努力，都是没有用的。家长的训斥、打骂对孩子来说就是电击。有的家长希望孩子爱上学习，主动学习，却用错误的方式让孩子背离正确的方向。

请家长盯着孩子的优点和进步，因为这样做能恢复孩子做事情的自信心和动力。

一起来回想以下的这些场面，你通常是怎么跟孩子沟通的？

● 孩子写了一篇作文，兴致勃勃地拿给你看。你发现这篇作文的语句不通，而且错字连篇。

● 你在检查孩子的作业时发现，30 道口算题，孩子做错了 11 道。

● 你和孩子一起制订的学习计划，孩子没有完成。

● 孩子不认真做作业，字迹潦草。

● 你在检查孩子的试卷时发现孩子犯了好多低级的错误。

有的家长总是指出孩子的不足或错误，责骂或惩罚孩子，孩子却屡教不改。一个觉得自己不行的孩子，没有办法让自己做得更好。

现在，我们建议家长先盯着孩子做得好的地方，哪怕只是极微小的一点点进步，然后调整好自己的情绪，真诚地对孩子说：

● （找出最好的那句话或者一个词。）我特别喜欢你写的这句话，真的特别生动形象，也很有趣。我们一起把其他的句子改得像这句话一样好吧。让我们一起把错别字消灭掉吧。

● 今天的 30 道题，你做对了 19 道，我相信你明天会做对更多道题。

● 你计划每天早上起来读英语，上周你有 3 天早上做到了，我相信你下周可以每天早上都做到。

● 这三个字写得真漂亮，我很喜欢，我相信你会写出更多的漂亮字。

● 哇，你连这么难的题都做出来了，你真厉害！

让孩子不断地看到"我能行"，孩子才更有勇气面对自己的缺点和不足，努力修复和完善自己。

家长也要时刻警惕自己心中那根不断升高的"标杆"。过高的"标杆"会让孩子更多地暴露他自己的不足。家长要压制住自己的"贪婪"，只盯着孩子眼前的"好"，不刻意索求更多的"好"。对孩子来说，成功是成功之母。

原则五："听"重于"说"

"听"和"说"是人际沟通的两个重要方面。因为家长和孩子之间年龄、身份、阅历等的差距，很少有家长认真地听孩子说话。一起来看看下面的这个场景：

妈妈：你好像不开心，怎么了？

儿子（低着头）：没考好语文。

妈妈：考得怎样啊？

儿子（小声地说）：考了一个B。

妈妈：这么低呀！考前我就提醒你好好复习。

儿子（大声地说）：我复习了啊，可是这次的题目太难了！

妈妈：不能临时抱佛脚，功夫在平时啊！你每天做完作业后从来不复习，基础知识掌握得不牢固，你怎么能学好语文呢？

儿子（一副不服气的样子）：皓皓也没考好，他比我的分数还低呢！

妈妈：我们要好好地反思自己的问题，不要跟后面的同学比。从明天开始，你每天都要复习前面所学的内容，再额外做一些习题。如果你不额外付出一些努力，怎么可能把漏洞补起来呢？

儿子（转过头去）：我们老师布置的作业就够多的了，我不想再做你额外布置的作业！

对于类似的场景，家长是不是很熟悉？有的孩子越来越急躁，越来越爱发脾气，与周围人的关系紧张，还可能一意孤行。一些青春期的孩子更加不愿意听家长说话。家长们丰富的阅历、资源等都无法成为这些孩子成长的垫脚石，只能眼睁睁地看着这些孩子踩各种各样的坑。从小到大，家长都在学习如何说话，也不断地被要求"听话"，可是鲜有人教家长如何去"听"。美国管理学大师史蒂芬·柯维将"听"归纳为五个层次：

一是充耳不闻，压根就不听别人说话；

二是装模作样地听；

三是选择性接收，只听一部分；

四是聚精会神，努力听到每一个字；

五是移情聆听，站在说话者的角度理解说话者的思维方式和感受。

移情聆听能让孩子感受到家长的关怀、信任、理解与尊重，促进亲子之间的沟通。移情聆听能让孩子对家长敞开心扉，听取家长的意见，学会主动分析问题，最终找到建设性的解决方案。移情聆听可以使孩子变得更有方向感、更有责任感、更加独立。

相关研究表明，人际沟通仅有10%通过语言来进行，30%通过语调和声音来进行，其余60%则靠肢体语言来进行。所以，在移情聆听的过程中，不仅要耳到，还要眼到、心到，用眼睛去观察，用心去体会。

移情聆听的重点就是家长先放下自己的立场，放下评判孩子的态度，暂时不追究孩子的是与非、对与错、好与坏，接纳孩子此刻的感受，带着好奇心走进孩子的世界，听孩子畅快地表达自己。家长在跟孩子交谈的时候，先放下手中的事情，认真地听孩子讲话。

家长可以用简短的语句回应孩子：

"原来是这样啊！""我明白啦！""我理解你。""后来呢？"……

家长也可以向孩子发出明确的交谈邀请：

"对于这件事，你能给我说说你的想法吗？""你可以告诉我你的感受吗？""你看起来有些不高兴。""你好像有话想跟我说。""你可以再多说一点吗？""你打算下一步怎么做呢？"……

打开沟通的通道之后，家长可以给孩子提一些建议，但不能强迫孩子接受。现在，让我们尝试换一种方式来与孩子沟通。

妈妈：你今天看上去不太高兴。（妈妈观察儿子，并且发出谈话邀请。）

儿子：嗯，我的语文考砸了。

妈妈：为什么考砸了呢？（妈妈进一步向孩子发出谈话邀请。）

儿子：因为这次的题目有点儿难。

妈妈：哦，那你是不是有些难过？（妈妈说出孩子的感受。）

儿子：是的，妈妈，我从没考过这么低的分数。

妈妈：嗯，我理解你。你把试卷拿出来，我们一起来看看你丢了哪些分吧。（妈妈放下评判孩子的态度，和孩子一起分析考试失利的原因。）

儿子：我在这道阅读理解题上丢了十多分。

妈妈：嗯，确实有点儿可惜，接下来你准备怎么办呢？（妈妈克制住自己想要教导孩子的冲动，尝试去理解孩子，然后关切地询问孩子解决办法。）

儿子：下次我想考高分，我每周做两篇阅读理解题吧，这样做应该能提高语文成绩。

妈妈：嗯，真好呢，有目标，也有方法！你愿意听一下我的建议吗？（肯定孩子，把决定权留给孩子。）

儿子：妈妈，你说吧。

妈妈：我觉得你的步子可以迈得小一点儿，不用一下子达到那么高的目标，你每次前进一小步，只要一直在进步就可以了，稳才是快嘛。你看这道阅读理解题，你不仅因为理解错误丢了分，还因为错别字丢了不少分，所以你还需要巩固基础知识。你可以每天默写5个词语，你看怎么样？（妈妈给孩子建议，但不强迫孩子接受。）

儿子：我可以每天默写5个词语。

妈妈：那你打算从什么时候开始呢？（将学习的主动权留给孩子。）

儿子：就从今晚开始吧。

如果家长能够放下心中的评判和"最优方案"，克制住自己想要控制孩子的冲动，用心去体会孩子的感受，专心听孩子说话，肯定孩子的努力和进步，那么真正的亲子沟通就开始了。

三、4个关键场景下的亲子沟通

场景一：孩子考砸了

这里的"考砸了"，指的是孩子没有发挥出正常水平，而不是指达到家长指定的要求。在孩子考砸后，家长要平和、冷静地引导孩子。家长要先保持沉默，不要急着跟孩子说话，也不必假装无所谓。家长不妨坦然一些，给孩子反思自己的机会。每个孩子都希望自己考个好成绩。考砸了，有的孩子表面上故作轻松，实则充满了挫败感、愧疚感等。

家长和孩子应该就此好好谈一谈。家长陈述事实，表达自己的感受，并询问孩子的感受。家长可以语气平缓地对孩子说以下这些话：

- 我听到你说数学考了B，我有些吃惊，平常你的数学成绩都是A。
- 你刚才让我看试卷的时候，我虽然没有吭声，但我其实有点儿生气。
- 看到这个成绩，我有点儿担心，这不是你的真实水平啊！

接下来家长要引导孩子说出自己的感受。

你能跟我说说自己的感受吗?

如果孩子不能准确地表达自己的感受,或者直接愣住了,家长可以用询问的方式来引导孩子:

你难过吗?

你失落吗?

你担心吗?

家长要让孩子充分地体会和表达自己的感受,因为让孩子的行为发生改变的是感受,不是道理。家长要肯定和鼓励孩子,帮助孩子提升自信心和勇气,帮助孩子认识到自己的错误或不足。

这个学期,妈妈看到了你的努力,你写的字越来越好了。你看,你的卷面很整洁。

你做对了所有的计算题。

家长要引导孩子分析考砸的原因。家长要克制住自己想帮孩子分析原因的冲动,将思考的空间留给孩子。等孩子说完自己考砸的原因之后,家长可以适当地补充一些内容,但不能用说教的方式。如果孩子分析的原因不够具体,家长可以语气平和地继续追问,比如:

你所说的做题马虎具体是指什么呢?

你所说的没有认真复习具体是指什么呢?

分析的原因越具体,就越容易找到解决方案。家长可以和孩子一起思考解决方案。家长要克制住自己想要教导孩子的冲动,先让孩子说出自己的解决方案,然后再补充内容。解决方案一定要具体,具体到每天要做哪些事情,比如:

每天练习 20 道口算题。

每天听写 20 个词语。

每天记 10 个单词。

这些都是具体可行的措施，可以当作一个阶段的微习惯。

最后，家长要感谢孩子的积极配合，给孩子一个温暖的拥抱吧，因为孩子每天都在辛苦地学习。

重要提示：

在孩子考砸以后，家长除了与孩子积极沟通以外，还要和孩子一起确定下一阶段的目标。这个目标不能参照孩子原来的水平，而要"从哪里跌倒，就从哪里爬起来"。考砸以后，大多数孩子的自信心会下降。在没有帮孩子树立自信心之前，不能让孩子盲目地确定高目标，否则孩子就有可能会再次遭遇失败。家长帮助孩子确定切实可行的目标，让孩子逐渐提高自信心。

场景二：接到老师的投诉

接到老师的投诉以后，也是一个比较容易爆发亲子冲突的时间点。老师的一个电话，一条信息，甚至一个眼神，都能让有的家长瞬间觉得自己的孩子一无是处，恨不得马上收拾自己的孩子。如果家长能够及时勒住即将失控的缰绳，理性地处理问题，就能让这次的投诉成为孩子的新起点。家长在接到老师的投诉以后，该如何处理呢？

首先，陈述事件，向孩子询问是否有误会。家长要将老师反映的情况用陈述句的方式转述给孩子，不要将老师的原话告诉给孩子。

一般来说，老师之所以找家长投诉，是因为孩子在学校屡屡出现问题行为，老师采取了各种应对办法，但都对孩子没有效果，希望家长配合管教孩子。在向家长投诉时，有的老师可能情绪比较激动，言辞比较犀利。如果家长把老师的原话全都告诉给孩子，这样做不仅不能解决问题，还可能导致孩子和老师之间产生矛盾，不利于孩子今后在学校的学习。

家长需要认真倾听孩子的想法，避免因为误会而错怪了孩子。让孩子说说自己的感受，并简单分析一下原因。

家长可以这样问孩子："接下来，你打算怎么做呢？"

孩子可能会说："我保证以后按时完成作业、上课认真听讲、和同学友好相处……"这些都不是具体的做法。家长还要继续追问："你怎样才能做到上课认真听讲呢？"有的孩子可能会说，在书上做笔记，积极举手发言，眼睛看着老师，等等。这些都是比较具体的做法。

家长也可以建议孩子记录自己开小差的次数，将无意识的行为变成有意识的行为，才能真正地解决问题。

如果孩子的行为伤害了别人，孩子就要给别人道歉。如果孩子给别人造成了经济损失，就用自己的零花钱来赔偿。

过一段时间以后，家长要再次找老师询问孩子的情况，一来让老师看到自己在积极配合学校教导孩子；二来了解孩子是否改正了不好的行为，引起孩子的重视。

有时候，有些问题并不是一次就能解决的。家长要和孩子一起想办法，直到问题被彻底解决。

场景三：家长催不动孩子

家长在催第一遍孩子时，孩子不动；在催第二遍孩子时，孩子还是不动；在催第三遍孩子时，就想动手打孩子了……

面对催不动的孩子，家长该如何正确处理呢？

第一种处理方法是家长最多催孩子三遍，然后就去做自己该做的事情，让孩子承担后果。这种处理方法适用于对他人没有影响，又不会造成太大损失的场景，比如催孩子起床、吃饭、做作业等。

第二种处理方法是家长一直坚持。这种方法比较考验家长的耐性，适用于孩子无法承受后果的场景。

上小学四年级的之豪，放学回家后一直坐在沙发上玩玩具，迟迟不肯去写作业。妈妈有些着急，便与之豪沟通。

妈妈：儿子，已经晚上5：30了，你该去写作业了。（简短提醒）

之豪：好的，马上。

妈妈催促之豪三遍之后，之豪仍然无动于衷，妈妈有了情绪。

妈妈（强忍怒气，压低声音）：我都催你三遍了，你仍然没有行动，我有些担心，因为我很在意你睡觉的时间。我希望你立即去写作业，相信你会马上去的。（有胁迫和控制的味道）

之豪：不去，我不想去。（简短而干脆地拒绝）

妈妈站在阳台上深呼吸，平复自己的情绪。

妈妈（坐在之豪旁边）：儿子，现在都快晚上6点了，看到你还没开始写作业，我有些担心，也有些着急，因为我们今晚一起读《哈利·波特》的计划可能要泡汤了。我希望你能立即去写作业。我相信我们会一起度过一个愉快的晚上。

之豪（抬头看了妈妈一眼）：等一下妈妈，让我再玩几分钟。

妈妈：再玩几分钟呢？是3分钟，还是5分钟？

之豪：5分钟，妈妈，时间一到，我就立即去写作业。（自己扭好计时器。）

5分钟之后，闹钟响了。

之豪：妈妈，你可以抱我一下吗？

妈妈（抱抱儿子）：加油吧，小伙子！

这里的要点是：

（1）真诚地表达自己的感受。

（2）坦诚地说出自己的期望。

（3）尊重孩子，不带任何威胁、恐吓。

有些时候，家长友善的沟通并不会得到孩子积极的回应，孩子仍然无动于衷。此时，有的家长可能会火冒三丈，恨不得立马揍孩子一顿。家长千万不能冲动，可以看看下面的场景。

妈妈：等几分钟呢？是3分钟还是5分钟？

之豪：5分钟。（自己扭好计时器。）

5分钟之后，闹钟响了。

妈妈：之豪，时间到了！

之豪：知道了，等我一下。

妈妈走到之豪面前，严肃而沉默地看着之豪。这个举动会让孩子感受到压力，让孩子感觉不自在，大多数孩子会主动地放下手里的玩具。当然，仍然会有不肯行动的孩子。

妈妈蹲下身来，看着之豪的眼睛，拿走之豪手里的玩具。

妈妈（平和而坚定地说）：请你停下来。

之豪：烦死了！

此时，家长不要有任何的犹豫或者退缩，坚定地阻止孩子，不用害怕爆发冲突。亲子之间并非不能爆发冲突，而是不能以暴力的方式来解决冲突，否则只会让孩子的行为更加失控。

孩子可能会哭闹、发脾气。此时家长不要跟孩子计较，要记住自己是一个成年人，继续坚定地阻止孩子，要让孩子发现自己的哭闹没有任何作用。这个时候，家长尽量保持沉默，等孩子的情绪平静下来。

场景四：孩子情绪激动

这个场景非常考验家长的教育智慧。如果家长处理得当，就能让孩子成长。如果家长处理不当，就可能在孩子的心上留下一道伤疤。

有的家长一看到孩子大吵大闹、磨磨蹭蹭、心不在焉的样子，就会心烦气躁，甚至引发一场亲子冲突。

孩子因为心智尚未发育成熟，容易情绪激动。家长眼中的一件很小的事，对孩子来说就可能是了不得的大事。如果家长不懂得体谅和接纳孩子的情绪，反而责骂孩子，孩子就很可能会出现以下两种情况：第一种情况，孩子的情绪更加激动，爆发亲子冲突，最后两败俱伤；第二种情况，孩子因为惧怕家长而屈服，长期积累负面情绪，引发严重的心理问题。哪一种情况是家长想要的呢？

孩子在情绪激动的时候，就好比车子陷在泥潭里，什么都做不了。家长要先帮孩子脱离泥潭，才可能让孩子恢复正常。孩子将烦闷、忧伤、紧张、压抑的情绪释放出来以后，才能有空间采纳家长的建议。在这一过程中，家长一定要多听少说、克制冲动。

有时候，孩子可能会说一些过激的话，比如"坏妈妈，我讨厌你！我再也不理你了！"，此时家长别跟孩子计较，这只是孩子在情绪激动时说的无心之话。被理解和尊重的孩子，一定会自然而然地展现出心中的爱和善良。

家长可以静静地陪在孩子身边一会儿，让孩子感受到家长的关爱。家长也可以真诚地对孩子说："你什么时候想说了，就过来找我，我随时愿意听，我会帮助你。"如果孩子还有一些困惑或者难题，家长就需要在孩子平复情绪之后，一起讨论解决办法。

随着年龄的增长，孩子的情绪会渐渐地变得平和、稳定。那些乐观开朗的孩子，即使在风浪比较大的青春期渡口，也依然是友善、可爱的孩子。所谓的青春期叛逆，只是压抑已久的情绪集中爆发，并非成长的必然。

四、思考与练习

（1）在与孩子沟通的过程中，你有哪些地方需要调整呢？

（2）周末芸芸和爸爸妈妈一起外出爬山。晚上回家后，芸芸想先看会书再去写作业，可是半小时过去了，她还是没有行动的意思。妈妈提醒了芸芸两次，芸芸仍然无动于衷。妈妈有些生气了。接下来妈妈应该怎么做呢？

第 4 课
正确地鼓励孩子，提高孩子学习的主动性

永远不要让正在进步的人感到气馁，无论他们进步得有多慢。

——柏拉图

一、尝到学习的甜头

希望孩子真正爱上一件事情，自觉自愿地去做，就要帮助孩子从中获得成就感和掌控感，尝到甜头。学习对一些孩子来说就犹如新手上路，常常摔跤，感觉痛苦，无法尝到学习的甜头，自然体会不到学习的乐趣。孩子觉得没意思的事情，就会消耗意志力，而孩子的意志力又是十分有限的，长此以往，拖拉磨蹭，逃避学习，就基本是预料之中的事情了。

好在孩子还没有形成稳定的自我认知，家长的肯定和鼓励能在很大程度上影响孩子的喜好和选择，帮助孩子培养自信心和勇气，优化孩子的思维方式，让孩子一步一步地走出舒适区，让孩子的潜能得以发展。日本电影《垫底辣妹》的女主角工藤沙耶加是一名不折不扣的"学渣"，是全年级倒数第一名，可是坪田老师依然找到了她的亮点：每一个空格，沙耶加都认真工整地写上了答案。在坪田老师的鼓励下，沙耶加通过努力考上

了日本著名的庆应大学，完成了班主任口中"不可能的任务"。坪田老师送给沙耶加的一份份"甜蜜礼物"，让学习成为与她朝夕相伴的亲密伙伴。

家长要善于发现孩子的优点，善于发现孩子一点一滴的努力和进步，及时地肯定和鼓励孩子。同时，家长引导孩子不去和别人做比较，只跟自己比，今天跟昨天比，这次跟上次比，现在跟从前比，让孩子不断地发现"我能行"。对于孩子来说，成功是成功之母。孩子尝到了甜头，累积了信心，才能燃起激情，获得更多、更大的成功，实现质的飞跃。

二、正确的鼓励才有益

有的家长可能会问："我们做家长的可以给孩子肯定和鼓励。可是在孩子踏入社会以后，如果没人给孩子鼓励，孩子还能有干劲吗？"有的家长可能会问："我常常夸奖孩子。为什么孩子在遇到稍有难度的题时就不想做，还总喜欢跟其他同学做比较呢？"

不是所有的夸奖都对孩子有益，只有正确的肯定和鼓励才能让孩子的内心变强大，塑造出有利于孩子成长的积极的思维方式。"表扬"和"鼓励"看起来很相似，有的家长也常常把这两者弄混淆。"表扬"和"鼓励"代表了两种截然不同的思维方式——固定型思维模式和成长型思维模式。让我们来看看表 3.1。

斯坦福大学著名心理学家卡罗尔·德韦克和她的团队，花费数年时间来研究鼓励和表扬对孩子的影响。他们对多名学生做了长期的研究，结果令学术界震惊。实验人员让孩子们独立完成一系列智力拼图任务，被鼓励的孩子勇于迎接挑战，面对难题时坚持不懈；被表扬的孩子则害怕挫折，稍有困难就放弃努力。

表 3.1　固定型思维模式和成长型思维模式的主要区别表现

项目	固定型思维模式的表现	成长型思维模式的表现
学习	学习是为了完成任务	终身学习，热爱学习
成长	超过别人	超越自我
能力	一成不变	可以通过努力提高，一切皆有可能
智力	固定的	能通过训练提高
新事物	故步自封	乐于探索
挑战	避免挑战	敢于挑战
出现问题	找借口，责怪别人	想办法
遭遇挫折	绝望压抑，怀疑自己	这是学习和成长的机会
犯了错误	不接受批评	主动反思，吸取教训
经历失败	认为自己不够聪明	继续努力，坚持不懈

鼓励，即夸奖孩子努力用功，这会给孩子一种自己掌控的感觉。孩子会认为，成功与否掌握在他自己手中。反之，表扬，即夸奖孩子聪明，就等于在告诉孩子成功与否不在他自己的掌握之中。

德韦克将实验重复了很多次，她发现，无论孩子有怎样的家庭背景，都受不了被表扬后遭受挫折的失败感，男孩、女孩都一样，尤其是学习成绩好的女孩，遭受的打击程度更大。德韦克说："如果不能正确地运用称赞，它就会变成一种负面力量，一种让学生消极且依赖他人观点的麻醉剂。"

让我们一起来分辨一下"鼓励"和"表扬"的区别：

鼓励：肯定的是孩子努力的过程，它非常具体。鼓励得越多，孩子就越自信。

举例：

我看到你今天比昨天提前了 5 分钟起床，我很开心！

你写的作文被老师圈出来好多好词好句呢，你是怎么做到的呀？

你读英语课文就像唱歌一样，真好听呀！

表扬：夸奖的是孩子的天分和结果，它很抽象。表扬得越多，孩子越经不起挫折，总是想避开挑战。

举例：

你真棒！

你是最好的！

你真聪明！

你真是一个好孩子！

看看下面的这些场景，你会怎样称赞自己的孩子呢？

孩子考了 A。

鼓励的话：哇，你考了 A！你每天都能坚持练习口算，做完作业后认真检查，为获得好成绩付出了不少努力，妈妈很开心！

表扬的话：你考了 A，太棒了！

孩子帮妈妈做家务。

鼓励的话：宝贝，你不仅把地扫干净了，还把桌子擦干净了，整个房间看上去真舒服！

表扬的话：你真是妈妈的好帮手！

孩子在公共场所保持安静。

鼓励的话：宝贝，我看到你刚才在餐厅里，安安静静地看书，我觉得很欣慰！

表扬的话：宝贝，你真是一个乖孩子！

孩子在写作业时非常专注，今天比以往中断的次数少了很多。

鼓励的话：你坚持写了 20 分钟，一次都没中断呢，我真高兴呀！

表扬的话：你今天写作业很认真！

三、坚持每天给孩子写"加油站"

"加油站"是家长用来练习正确鼓励孩子的小短句，格式非常简单：

①描述自己看到的好现象或者孩子的好行为。

如：我看到你将用过的剪刀放回原处了。

我看到你的屋子很整洁。

②表达自己的感受。

如：我觉得很开心。

我感到很舒服。

亲爱的儿子，今天晚上妈妈不在家，你自己安排了晚餐和作业，并且在晚上 8:30 之前完成了作业，妈妈很开心！

俊文，今天晚上，你很努力地按计划完成了语文复习，妈妈很欣慰！

康康，你读课外书的时候特别专注，小猫在你旁边转悠了好几回，你都没注意，我真高兴！

四、无效的"加油站"

1. 加入评价

宝贝，你今天听写得了满分，这是我们昨晚共同努力的结果，妈妈很开心，加油！

修改建议：去掉"这是我们昨晚共同努力的结果"，不要加入我们的评判，留给孩子思考的空间，孩子会将原因"翻译"成任何自己想听到的语句，比如考前认真复习了，做完以后认真检查了，这段时间认真听讲了……

2. 搭顺风车，提要求

亲爱的芸芸，你今天的字写得真漂亮，横平竖直，力度合适，妈妈很高兴！希望你能每天坚持练字。你一定会写得越来越好的。

修改建议：去掉"希望你能每天坚持练字。你一定会写得越来越好的"，因为这两句话让鼓励大打折扣。

3. 进行说教

莫凡，你今天数学考了 A，妈妈很开心！吃得苦中苦，方为人上人。不努力的人，将来一定会后悔自己今天的行为，加油！

修改建议：去掉后面两句话，因为太多的说教不会对孩子起作用。

4. 在"加油站"中负向强化

文文，今天我们约好去书店看 1 个小时的书，一到时间你就跟我回家了，没有拖延，妈妈很开心！

修改建议：去掉"没有拖延"。家长需要用"加油站"正向强化孩子的行为，不要出现负面的字眼，比如"拖延""发脾气"等。

其实，孩子在做得不好的时候，更加需要他人的鼓励。家长要拿着"放大镜"，发现孩子身上的亮点。我们期待家长牢记下面这句话：

每一天结束，你给孩子正面评价的数量应该远远超过你对孩子发号施令或者负面评价的数量。

"加油站"不是给孩子表现好的奖赏，而是像每天的饭食一样，是我们作为家长应该持续为孩子供应的心理营养。

家长应该每天坚持给孩子写"加油站"，既能接受孩子积极、正向、阳光的一面，也能接受孩子消极、落后、灰暗的一面，这是对孩子真正无条件的接纳，也是孩子行为改变和自我完善的开始。家长从"盯毛病"到"盯亮点"的转变必须通过日积月累的练习。行动变了，思维也会改变，思维变了，世界也就变了。家长在为孩子付出的同时，也收获了一个更加明媚的世界。养育孩子，其实是家长与孩子相互成全的过程。

五、思考与练习

（1）你能分清鼓励与表扬的区别了吗？

（2）文清的老师打来电话，说文清最近能在学校认真听课了，但是文清和同学相处得不好，今天文清又把一个同学打了。如果你是文清的妈妈，你该怎么处理文清打架这件事情呢？

第 5 课
用游戏增添乐趣，让训练事半功倍

游戏是孩子的第一语言。

——劳伦斯·科恩

无论多大的孩子都喜欢游戏。将游戏融入训练当中，不仅可以增添乐趣，增进亲子感情，还能让训练事半功倍。

我们用可视化的游戏来帮助孩子看见自己的付出和进步，从而获得成就感和满足感，不断地激发孩子想要做得更好的意愿。

妈妈常常因为作业的事跟小林着急上火。小林上小学四年级，写作业总是慢吞吞的，不是不会，就是每天要写上三四个小时，睡眠都难以保证，哪有时间阅读和玩耍呢？妈妈对此非常着急，难免朝着小林发脾气。

周五，吃完晚餐，妈妈和小林在书房坐下来。妈妈真诚地对小林说："儿子，自从这学期以来，咱俩总是因为作业的事吵架。你看上去一直都不开心。"

"哦，你别说了，妈妈，我都知道了，我会努力的。"小林想要终止谈话，因为按照他的经验，妈妈一开口便会没完没了，每次说的内容都差不多，他都快背下来了，先是把他数落一通，然后越说越气，接着大发雷霆。

这一次，妈妈决定不管小林的态度，坚决不发火，她接着说："我知道，你白天上了一天学，晚上回家后还要做那么多的作业，这让你有些不开心，对吗？"

小林疑惑地看了妈妈一眼，这可不是妈妈往常的风格。

妈妈继续平静地说："我有一个办法，能帮助你快点完成作业，让你有更多的时间来骑自行车、打球、读书等。更重要的是，我再也不会每个晚上都朝你大吼大叫了，我们俩都会比现在更开心。你愿意听听吗？"

小林疑惑地看了看妈妈，终于问道："你说的是真的吗？是什么办法啊？"

妈妈认真地给小林介绍了时间宝库的内容，并且邀请小林一起来玩一个通关游戏。每完成一关之后，就会获得一个通关称谓，如表 3.2。

表 3.2　完成不同关卡数的通关称谓

关卡数	通关称谓
第 1 关	分秒必争
第 2 关	脚踏实地
第 3 关	积少成多
第 4 关	日积月累
第 5 关	全神贯注
第 6 关	持之以恒
第 7 关	专心致志
第 8 关	聚沙成塔

然后选择自己喜欢的方式庆祝，比如：

为全家选择周末电影。

特权卡，比如可以请爸爸妈妈帮自己做一件事情。

邀请好朋友来家里做客。

要求爸爸妈妈用 5 种不同的语言大声地说"我爱你！"。

用可清理的颜料在地板上涂鸦。

全家人一起拥抱5分钟。

颁发过关卡。

享受爸爸妈妈给自己捶背的福利。

当然，这都是妈妈想到的庆祝方式，小林也可以补充其他的庆祝方式。

小林对此很感兴趣，期待下周就开始训练，他还将这套方案命名为"开心作业"。

小林和妈妈决定每天晚上睡前打卡，可以提前选定庆祝的方式，并在周末实施。

小林想在第一周的周末邀请好朋友乐鹏来家里住。妈妈建议小林将自己与好朋友的合照贴在打卡表上，增添动力。

第一周，小林顺利地完成了任务。周五的晚上，妈妈用郑重而略带俏皮的语气对小林说："亲爱的小林同学，你通过自己的努力，顺利地通过了第一关，获得'分秒必争'的称谓。同时，你也可以邀请好朋友来家里住一晚上，快给他打电话吧。"

接到小林的电话，乐鹏超级开心，约定明晚来小林家。

妈妈扮演成记者采访小林："小林同学，请说说你的获奖感言吧。"小林被妈妈逗乐了："我好高兴呀，我要继续努力！下周我想为大家挑选周末电影。"

小林成功地进入第二关，他想增加一个选项——到好朋友家去住。妈妈说："这需要你先和乐鹏的爸爸妈妈商量，得他们同意才行。"妈妈鼓励小林自己给乐鹏的妈妈打电话。乐鹏的妈妈很爽快地答应了小林的请求。

8周时间很快就过去了，虽然中途有一些波折，但是小林顺利地完成了打卡。小林已经养成了按时完成作业的好习惯，有更多的时间来做自己喜欢的事情。最重要的是小林和妈妈争吵的次数越来越少了，亲子关系越来越和谐。

训练结束之后，小林还想继续玩这个游戏。妈妈和小林又自创了一个新游戏——守卫时间宝库，并由小林来设计每个关卡的名称。小林兴致勃勃地开启了新的闯关游戏。

游戏可以帮助家长化解一场没有硝烟的亲子战争，让孩子朝着正确的方向前进。

一、五个简单、有趣的小游戏

1. 时间储蓄罐

作用：帮助孩子提高做事情的速度。

做法：（1）为孩子准备一个透明的罐子和一些彩色的小球。

（2）孩子每节约10分钟，就往罐子里放一个彩色的小球。

（3）在周末的时候，家长和孩子一起清点小球的数量，换算成节约的总时间。孩子可以利用这些时间做自己喜欢的事情或者按照约定来实现一些小心愿。

注意：10分钟并不是一个固定的数字，家长可以和孩子一起商量一个适合的时间。如果孩子成功获得一个小球，那么家长除了把小球放进罐子里以外，还应该用诚恳的语气肯定孩子，真诚地祝贺孩子。

2. 超级赛车

作用：提高孩子坚持训练的决心。

做法：（1）让孩子确定自己的赛车，或者给赛车取个名字，可以是现实中有的，也可以是孩子想象出来的。

（2）和孩子一起设计路线图和各站点的名称，一共8个站点，在白纸、黑板、白板上画下来。

（3）孩子每通过一关，赛车就前进一个站点，直至终点。

注意：无论是赛车的选择，还是线路和站点的设计，都需要采纳孩子的意见，让孩子有掌控感，孩子才更有兴趣完成游戏。如果家长也"开"一辆赛车和孩子一起通关，孩子对于游戏的兴趣就会更加浓厚。

家长还可以根据孩子的性别和兴趣设计不同的游戏主题，比如"打怪兽""恐龙世界"等。

3. 警察抓小偷

作用：让孩子主动检查自己的作业，提高做题的正确率。

做法：（1）这些错题就像小偷一样偷走了孩子的时间。家长要鼓励孩子将错题消灭干净。如果家长第一次检查孩子作业，孩子能做到全对，就得10分；经家长提醒之后，孩子自己改正作业，能够做到全对，就得5分；经家长再次提醒之后，孩子自己改正作业，能够做到全对，就得2分。

（2）周末家长和孩子一起计算积分。孩子可以用积分兑换小礼物或者实现一个小心愿。

注意：如果孩子改正两次之后仍然没有做到全对，家长就需要给孩子指出错题的范围。如果孩子改正三次之后仍然有错题，家长就要给孩子指出错题的具体位置，避免让孩子有太强的挫败感。

家长还可以根据孩子的喜好设计不同的游戏主题，比如"捉害虫""捕小鱼""抓老鼠"等。

4. 爱心便签

作用：帮助孩子记忆英语单词、汉字等。

做法：（1）和孩子一起约定每天需要记忆的英语单词或者汉字的数量，避免孩子半途而废。

（2）让孩子将需要记忆的英语单词或汉字写在爱心便签上，再将爱心便签贴在指定的区域里。日积月累，孩子看着那么多花花绿绿的便签纸，会获得满满的成就感。

注意：需要孩子记忆的英语单词、汉字的数量不宜过多，让孩子每天坚持记忆，积少成多。孩子还可以用便签纸记录自己的新发现、新想法等。

5. 特权卡

作用：让孩子积极完成各项任务。

做法：（1）和孩子一起大开脑洞，列出特权卡的内容，比如掌管家里的财政大权一天；做一天家长；享受家长提供的"星级"服务……总之，让孩子体验一次与以往不同的生活，增加生活的乐趣。

（2）如果孩子完成一周的打卡任务，就可以获得一张特权卡。

注意：家长不鼓励、不支持孩子做的事情，就不要放在特权卡里，比如玩电子游戏等。

二、家长需要注意的事项

1. 不要勉强孩子

有时候家长向孩子发出游戏邀请，孩子不愿意参与，这是为什么呢？不是因为孩子对游戏不感兴趣，而是因为孩子怀疑家长又想出了整治他的新点子，他有所防备。当孩子出现这种情况时，家长先别着急，不要勉强孩子，因为家长越急着引孩子"就范"，孩子就越认为自己的怀疑是正确的。家长应该继续与孩子积极沟通，等亲子关系改善之后再来邀请孩子。

2. 游戏只能是训练的辅助

游戏可以帮助我们快速地打通关节，但是它不能成为训练的主导。如果家长本末倒置，忽视了前面课程的学习，仅仅想用游戏来搞定孩子，那就很可能让游戏变味，成为令孩子讨厌的"圈套"或"交易"。

3. 尊重孩子的选择

孩子更愿意参与自己选择的游戏。家长要尊重孩子的选择，不能孩子想玩时间储蓄罐，家长就非要让孩子玩超级赛车。家长也可以鼓励孩子自创游戏，因为孩子是天生的发明家和创造者，常常会有意想不到的绝妙点子。

4. 同时进行的游戏最好不超过 3 个

虽然游戏好玩，但是同时进行的游戏数量不宜太多，最好控制在 3 个以内，便于孩子养成好习惯。

三、思考与练习

（1）你准备先和孩子一起开展哪些游戏呢？

（2）晓萌的数学计算题出错太多，导致她每天都要花费很多的时间来改错，如果你是晓萌的妈妈，会用什么游戏来帮助晓萌呢？

第 6 课
利用家庭会议提高孩子的内在动力

所有的人，包括我们的孩子，都有三个基本心理需要：归属感、自主感和胜任感。如果这三样得到满足，就可以提高孩子的内在动力。

——爱德华·德西 理查德·瑞安

一、让生命的大树枝繁叶茂

在养育孩子的过程中，家长需要始终做好以下三件事情：

（1）启动孩子的内在力量。

（2）帮助孩子自主、自立。

（3）教孩子学会与他人合作。

先激活孩子"我要学"的意愿，再帮助孩子不断地看见"我能行"，然后让孩子和他人"一起走"，让孩子逐渐走向成熟，拥有美满的婚姻与家庭。这也是家长逐渐放手和放心的过程。在这个过程中，家长可以利用家庭会议促进孩子成长。

家庭会议就是家庭成员以比较正式的方式共同商讨家庭事务、开展活动等。在家庭会议上，家长要把孩子当作独立的人来平等对待，邀请孩子参与家庭决策。孩子可以利用家庭会议提高自己的沟通表达能力、思维能力、组织协调能力等。在与家长反复探讨和磋商中，孩子会逐渐形成自己的世界观、人生观和价值观，成为一个有主心骨、会表达不同的意见、能创造性地解决问题的人。通过家庭会议，孩子的归属感、自主感和胜任感都会得到满足。

二、怎样开家庭会议

1. 做好准备

确定会议的目的

家庭会议的目的是促进家庭成员之间团结友爱、互帮互助，千万别弄成批斗孩子的大会。家长要营造宽松、开明的会议氛围，鼓励孩子畅所欲言。

准备"家庭成长录"

可以准备一本笔记本，作为"家庭成长录"，记录一家人的讨论结果、家庭格言，粘贴会议照片，等等。

确定开会的时间

家庭成员们共同商定开会的时间，每周一次。在开家庭会议时，家长最好关掉手机，全身心地和孩子们一起讨论。每次家庭会议的时长最好不超过 30 分钟。

确定议题或主题

家庭会议的议题或主题可以是：

讨论修改家庭公约：每个家庭都应该有一份明确成文的家庭公约。全体家庭成员共同遵守的家庭公约，当然需要在家庭会议上讨论修改。

解决问题：应该给孩子多少玩游戏的时间呢？如果家庭成员违反了家庭公约，该如何处理呢？……

做出决策：比如孩子想养一只宠物。该怎样照顾它？谁来照顾它？不想养它了怎么办？……这些都需要家人一起商量解决。

策划家庭活动：周末打算去哪里出游？要做哪些出游准备？需要购买哪些东西？……这些都需要家人一起讨论决定。

热点话题讨论：家长与孩子一起讨论近期发生的社会热点事件，让孩子知道世界正在发生什么，引导孩子从多个角度进行思考，扩展孩子的眼界，提高孩子的格局。

进行主题活动：可以利用家庭会议强化家庭价值观。家长可以通过美德故事角色扮演，写家庭格言、感激卡片、致谢便签，等等，将积极的生活理念传递给孩子。

每周选取一个不一样的议题或主题，丰富孩子们的体验。如果本周家庭成员有需要解决的问题，就先解决问题。

2. 家庭会议的流程

家庭会议主要由三部分组成：互相致谢，进入议题或进行主题活动，娱乐活动。

首先，家庭会议的主持人由家庭成员轮流担任，主要职责是召集大家围着桌子坐下来，带头致谢，把握会议流程，确保每个家庭成员都有发表意见或提出建议的机会。

可以用一根普通的棍子当作发言棒。从主持人开始逐一传递发言棒，拿到发言棒的人才可以说话，其他人认真倾听，帮助所有家庭成员养成不打断别人说话、倾听他人心声的习惯。无数实践证明，发言棒不宜太靓丽，也不宜用食物当作发言棒，否则发言棒对孩子的诱惑太大，容易分散孩子的注意力。

家庭会议的记录员也由家庭成员轮流担任，主要职责是记录会议所讨论的内容和决定。如果孩子太小，识字量有限，最好由爸爸妈妈轮流担任记录员。

第一个环节：互相致谢

每次的家庭会议都应从致谢开始，每个人向其他家庭成员真诚地表达感谢。家庭成员之间互相致谢的好处是：为家庭会议升温，共同营造温馨愉快的家庭氛围；促使家庭成员在平时用心观察，留意生活的美好，更加热爱生活。

家长要做好榜样，真诚地感谢孩子。有的孩子可能会说："我不知道要感谢爸爸妈妈什么。"这时，家长要教孩子表达感谢之情。

第二个环节：进入议题或进行主题活动

在这个环节中，优先解决问题，家庭成员一起讨论问题的解决方案。不同议题的流程会有一些不同。

解决问题的主要流程：

（1）**陈述问题**。一定要客观地陈述事实，不应该夹杂任何感情色彩。孩子错题太多，改错需要花费很多的时间，经常不能按时睡觉，怎么办？孩子不能按时起床，怎么办？……面对孩子的问题，家长不能一味地指责、抱怨孩子，不能让家庭会议变成批斗孩子的大会。

（2）**提出建议**。每个家庭成员集思广益、畅所欲言。家长不能评判或者直接否定孩子的建议，否则孩子就不愿意再说出自己的观点了。家长可以用提问的方式，引导孩子思考问题。

（3）**选定方案**。让孩子选择适合自己的方案，可以是孩子自己提出来的，也可以是家长建议的。无论孩子选择了哪一个方案，家长都要尊重孩子。先按照这个方案试行几天，有什么问题再一起讨论、调整。在这个过程中，孩子可以获得成长。

（4）**确定时间**。询问孩子从什么时间开始实施，是今天晚上还是明天晚上，时间越具体，越容易执行。

在解决问题的过程中，如果有人出现了抵触情绪，就需要停下来找找原因。一个带着情绪的人，解决不了任何问题，只会让情况变得更糟。

一周小结的主要流程：

（1）**肯定孩子的努力和进步**。先鼓励孩子自己说，教孩子学会欣赏自己，学会为自己鼓劲。如果孩子不肯说，或者不知道该怎么说，家长就可以指出孩子进步的地方。肯定孩子的内容要具体，语气略带兴奋。被肯定和鼓励的孩子，更有勇气面对自己的缺点或不足，也更愿意积极思考如何完善自己。

（2）**说说需要改进的地方**。先鼓励孩子自己说还有哪些需要改进的地方，不用要求孩子说太多，否则孩子容易丧失自信心。孩子说的和家长想的可能不太一样。比如家长认为孩子需要改正不认真听讲的毛病，而孩子认为自己需要改正不认真看题的毛病。家长要忍住冲动，不要急着纠正或否定孩子。如果家长语气温和，懂得尊重孩子，那么孩子通常会更愿意说出自己需要改正的不足。如果孩子说"我不知道"，家长就可以说出几个需要改进的地方，比如重视语文学习，提高做题的正确率，等等。

（3）**聊聊下周的打算**。家长可以这样问孩子："那你下周有什么打算呢？"鼓励孩子自己思考：下周的目标是什么？应该采用什么样的方法来完成目标呢？目标和方法都要具体，才能起作用。家长可以给孩子建议，但不能要求孩子必须采纳。

即使孩子给自己定了一个很小的目标，家长也要欣然接受，千万别说孩子没出息，因为孩子有目标总比没目标好。有的孩子，几乎会错一半的口算题，还信誓旦旦地说："我下周争取做到口算题全对。"这个目标就有点大，孩子不容易完成，反倒会打击自信心。家长要主动地给孩子降低目标，让孩子能"跳一跳，够得着"。

以孩子想养宠物为例，家长可以让孩子提前查阅宠物的相关资料，写一份可行性报告，然后在家庭会议上集体讨论。

讨论协商的主要流程：

（1）由孩子讲述自己的可行性报告。养宠物的理由，宠物吃什么，多久喂一次，有没有危险，如何避免咬伤，不想养时该如何妥善安置，等等。

（2）其他家庭成员提问。如果家长对孩子的这份可行性报告有疑问，就可以让孩子解答。

（3）投票表决。一定要全票通过才能实施，不能少数服从多数，否则就很可能影响家庭团结。对于未能通过的事项，家庭成员可以继续讨论商量，也可以在下次家庭会议上讨论。

对于超出孩子零花钱之外的物质需求，家长不能一概拒绝，也不能轻易满足，让孩子准备一份可行性报告，并在家庭会议上讨论。以孩子想买一个稍微有点贵的飞机模型为例，可以让孩子讲讲：为什么要买这个飞机模型？会有哪些收获？怎样妥善保管这个飞机模型？需要多少钱？……

一周一次的家庭会议让亲子双方有一个冷静期或者缓冲期，能够有效地减少亲子冲突。有时候，孩子很想要某个东西，冷静一段时间以后，可能就主动放弃了。

主题活动：如果本周没有要解决的问题或讨论的事项，就可以确定一个主题活动。主题活动不仅能增加家庭会议的乐趣，还能让孩子从中获得成长。

角色扮演：挑选一个有关美德的故事，家长和孩子一起进行角色扮演，然后分享自己的感受。

写家庭格言：这是家长向孩子传递家庭价值观的一个好办法。家庭格言可以是：

办法总比困难多。

我们要善于发现美。

存在即合理。

凡事一定有三个以上的解决办法。

己所不欲，勿施于人。

制作感激卡片：可以为自己特别想感激的人制作一张感激卡片。要在卡片上具体列出感激的事项。可以在家庭成员之间分享感激卡片。这个活动通常会收到许多意想不到的惊喜与感动。孩子与家长看事情的角度不同。有时候家长的一个充满鼓励的眼神或者一个小零食就会让孩子感激不已。

致谢便签：刚开始的时候，大家可能不习惯面对面地表达自己的谢意，就可以用致谢便签的方式，将自己的谢意传递给他人。可以把便签放在大家都能看到的地方，家长做好示范，随时写致谢便签。

家庭辩论会：针对近期的某个社会现象或者某个看似简单实则深刻的道理，家长和孩子一起开个小型辩论会。孩子可以通过家庭辩论会锻炼自己的语言表达能力，学会辩证地看待问题。

好书分享会：每个人分享自己读过的一本好书，并告诉大家喜欢这本书的原因，朗读书中优美的语句，等等。当一个人分享的时候，其他家庭成员认真倾听。好书分享会不仅能促进孩子阅读，还能让孩子思考得更加深入。

家长还可以根据家庭的实际情况，结合孩子的兴趣爱好，策划出更多充满趣味的活动。

第三个环节：娱乐活动

最后，用一个全家人都能参与的娱乐活动来结束本次的家庭会议，让孩子将家庭会议与愉悦的感受联系起来。可以是以下的娱乐活动：

一起玩一个游戏，比如桌面游戏等。

一起唱一首歌，可以是甜蜜的、温馨的、搞笑的歌曲。

一起画画。

一起看一段搞笑视频。

一起观看家庭相册。

三、思考与练习

（1）哪些事情可以放在家庭会议上讨论呢？

（2）林林总喜欢在公共场所跟其他小朋友大喊大叫、追逐打闹，妈妈怎么制止林林都没用，因为林林说，如果他不这样做就会很无聊。如果你是林林的妈妈，你该怎样用家庭会议解决这个问题呢？

制订家庭公约，帮助孩子建立规则意识

孩子渴求清楚的原则。他们追求主宰和寻求意义的天性需要一个明确的秩序。

——琳达·凯夫林·波普夫　丹·波普夫博士　约翰·凯夫林

一、缺乏规则意识，孩子没法好好学习

如果没有基本的原则和底线，家长就容易溺爱孩子，形成放任型教养方式。被溺爱的孩子有许多典型的特点，比如胡乱发脾气、没主见、以自我为中心、缺乏自控力等。总之，这些被溺爱的孩子大多不清楚自己的行为边界。

不清楚行为边界的孩子，就如在夜晚的原野上行走，会感到紧张，不确定前方是否安全，不敢轻易迈步，需要反复试探和观察，没走多远就已经非常疲惫了，哪里还有精力去学习和思考呢？而所谓的行为边界，就是各种行为规则。没有规则就没有自控力，没有自控力就不可能有良好的学习习惯和端正的学习态度。

为什么有的孩子会缺乏规则意识呢？主要有以下三个原因：一是没有明确成文的家庭公约；二是家长纵容孩子的行为，经常违背原则和底线，甚至没有原则，没有底线；三是家长使用粗暴的管教方式，比如吼叫、打骂等。

家长要和孩子一起制订清晰、明确的家庭公约。家长要坚决执行公约，即使孩子软磨硬泡，也没有商量的余地。

孩子虽然喜欢秩序，但不喜欢限制自己。在制订家庭公约以后，有的家长一看到因为不想遵守规则而哭闹的孩子，就会特别心疼，甚至怀疑自己做了不该做的事，很可能对孩子妥协。还有一些家长会采取粗暴的手段强迫孩子必须遵守家庭公约。这两种家长都不能顺利地帮助孩子树立规则意识，反而做出了不好的示范。在督促孩子遵守家庭公约的过程中，家长要有意识地约束自己的行为。

有的家长担心家庭公约会让孩子的思维变得刻板、僵化，没有创造力。让孩子变得呆板、拘谨的不是规则，而是家长的控制或者强迫。家庭公约不是烦琐的规矩，它是行为的底线，能给孩子带来身体和心灵上的双重安全感，能让孩子的专注力和创造力得到充分发展。

二、为什么一开始不制订家庭公约

如果家长没有科学有效的沟通方式，没有和孩子建立良好的亲子关系，就很难用家庭公约来规范和约束孩子的行为，甚至家庭公约还可能成为亲子冲突的导火索。所以，我们建议家长先踏踏实实地完成前面的练习，再与孩子一起制订家庭公约。

三、建立家庭公约的原则

一份有效的家庭公约应当符合以下 6 项原则。

1. 共同遵守

家庭公约应当约束所有的家庭成员，并由全体家庭成员共同遵守。

家庭公约的条目不宜过多：针对 6 岁以下的孩子，最好不超过 5 个条目；针对 6 岁以上的孩子，最好不超过 10 个条目。家庭公约应当包含孩子需要遵守、家长需要遵守、所有家人共同遵守的条目。

2. 家庭公约的内容要具体

家庭公约必须符合家庭的需要，否则很难有效执行。举个例子：如果哥哥和妹妹总是因为争抢物品而发生冲突，那么家长在制订家庭公约的时候不能简单地写上一句"兄弟姐妹之间要团结友爱"。如果这样写，孩子们还是不知道应该怎样做，就没办法执行家庭公约。家长可以在家庭公约上这样写："如果需要借用他人的物品，就必须先征得他人的同意。对于公共物品，谁先拿到谁先用，后来的人请耐心等待，或者与拿到的人商量使用时间。"

3. 使用肯定陈述句

家长在制订家庭公约时，尽量使用肯定陈述句，避免使用否定陈述句，比如不能打架、不许骂人、不能在公共场所大声说话、不能在卧室吃东西等。你在阅读这些否定陈述句的时候，是不是满脑子都是"不"后面的文字？没错，我们的大脑会自动忽略"不"字，只保留"不"后面的文字，这就相当于负向强化。家长可以参考以下的家庭公约：

家庭公约

（1）我们共同营造温馨和谐的家庭氛围，我们解决争端的方式是认真聆听之后平和交谈。

（2）我们尊重每个人的时间、空间和物品，借用他人物品时须征得他人同意。

（3）我们在家庭之外发生分歧，尽量回家之后协商解决，必须现场解决或意见无法统一时，孩子先服从家长的意见。

（4）我们遵守不同场所的规则。

（5）我们认真倾听别人说话，不打断别人说话。

（6）我们共同遵守作息时间，过规律的生活。

（7）每天玩电子产品的时间：家长1小时，孩子30分钟。

（8）管理好自己的情绪，用运动、玩游戏、唱歌、写日记等健康的方式释放情绪。

第3条重要且必要，适合所有的家庭。我们提倡家长和孩子做朋友，但同时也必须让孩子明白：家长拥有绝对的权威。孩子既要学会勇敢地表达自己的观点，又要学会尊重权威，适当地妥协。

4. 违反家庭公约的惩罚措施

如果家庭成员违反了家庭公约，就要接受惩罚。惩罚措施由家庭成员共同协商制订。制订惩罚措施的目的不是伤害某个人，而是让某个人警醒，并从中获得成长。家长可以参考以下内容：

违反家庭公约的惩罚措施

（1）为其他家庭成员承担一项家务。

（2）做俯卧撑。

（3）一周没有零食吃。

（4）取消当日玩电子产品的时间。

（5）扣零花钱：爸爸妈妈每次50元，孩子每次10元，所收款项用于慈善捐款或家庭聚会。

（6）做仰卧起坐。

（7）静坐30分钟，什么都不能做。

（8）抄写15遍"不以规矩，不能成方圆"。

谁违反了家庭公约，谁就要选一个惩罚措施，接受惩罚。

5. 坚持执行

不能随意更改制订好的家庭公约，一定要坚决执行家庭公约。要让孩子明白：家庭公约是不可逾越的界线。

孩子违反家庭公约的原因多种多样，有时候是因为忘记了，有时候是故意发起挑战，有时候是因为情绪太激动了。无论孩子出于何种原因违反了家庭公约，他都要为自己的行为承担后果。家长不能因为心疼孩子就帮孩子找理由逃避惩罚，否则孩子就会认为家庭公约只是一个摆设。家长一定要言出必行，言行一致。大家可以看看以下的案例：

按照家庭公约，9岁的宗林每天玩电子产品的时间不能超过15分钟，如果超过了，就按超出时间的双倍扣除后续玩电子产品的时间。一天，宗林的爸妈不在家，奶奶管不住宗林，宗林看了40分钟的电视，宗林的爸妈按照约定惩罚宗林一周不能看电视。从此，即使爸妈不在家，宗林也知道自觉约束自己。

浩文的妈妈则比较容易妥协。家庭公约规定不准在吃饭时看电视。可是如果浩文最近表现得不错，浩文的妈妈就会允许浩文一边吃饭一边看电视。妈妈一时的妥协，后患无穷。浩文经常和妈妈讨价还价。原本妈妈只要坚持家庭公约就能解决问题，结果，妈妈的一时妥协换来无穷无尽的麻烦，将简单的事情变复杂了。

6. 通过家庭会议修改家庭公约

家庭公约不可能一成不变，它需要随着时间的流逝、环境的改变不断地更新，以便适应现在的家庭生活。我们可以通过家庭会议修改家庭公约。

如果家长能做好情绪管理，说话算数，肯学习，愿意改变，带头守约，很多家庭教育难题就能迎刃而解了。从一点一滴做起，家庭成员一起遵守家庭公约。

四、思考与练习

（1）家长和孩子一起制订一份明确成文的家庭公约。

（2）豆豆家的家庭成员在说话的时候喜欢互相指责和攻击。如果你是豆豆的家长，应该制订什么样的家庭公约来解决这个问题呢？

第 8 课
智慧地对待反复犯错的孩子

教育的本质意味着，一棵树摇动另一棵树，一朵云推动另一朵云，一个灵魂唤醒另一个灵魂。

—— 雅斯贝尔斯

一、错误是孩子学习和成长的机会

家长该如何正确地看待孩子的错误呢？有的家长通常会从消极的角度看待孩子的错误，当孩子犯错时，他们往往会有以下三种处事方式：

（1）指责、打骂孩子，以便让孩子长记性，以后不敢再犯。

（2）时刻紧绷着一根弦，想方设法地堵住孩子犯错的源头。

（3）立马站出来纠正孩子，生怕给孩子带来不好的影响。

有的家长认为孩子犯错是一件很不好的事情，错误＝坏事＝麻烦＝失败＝危险＝敌人，尽量让孩子少犯错。可是对于成长中的孩子来说，犯错基本就是生活的日常。一看到孩子犯错，有的家长就难免紧张、焦虑、如临大敌，家庭里经常弥漫着紧张的气氛。有的家长会把这种紧张、焦虑的情绪传递给孩子，导致孩子出现两种极端的情况：要么害怕犯错，什么都听家长的；要么固执己见，什么都跟家长对着干。无论哪一种极端的情况，都会扼杀孩子的创造力。有学者说，创新总是与失败相伴随的，如果没有一种容忍失败、宽容错误的氛围，是没有人敢去创新的。

有时，我们会组织孩子们参加一个暖场小游戏，总有几个孩子不愿意参与，原因是害怕自己输。虽然我们已经告诉这几个孩子，不争输赢，但他们仍然怕自己做错了。如果孩子连尝试的勇气都没有，又何谈探索和创新呢？有人说，人类的核心能力是好多"出错"的产物，人工智能不会取代人类，因为它不会犯错。可见，犯错也是一种能力。如果孩子整天害怕犯一丁点错，不求有功，但求无过的话，又何谈信心和乐趣呢？

过错只是暂时的遗憾，错过却是永远的遗憾。孩子们需要在错误中汲取经验，不断地成长和进步。著名心理学家桑代克首创的迷笼实验，确定动物由"尝试错误与偶然成功的学习"形成种种联结。桑代克把饿猫关进箱子里，一开始，它只是漫无目的地乱咬、乱撞，经过反复地试错和练习，最后，猫一进箱子就能打开箱门。桑代克据此认为，学习的过程是一个渐进的、尝试错误的过程，在这个过程中，无关的错误反应逐渐减少，正确的反应最终形成。孩子们正确行为的形成也遵循尝试错误、错误递减的规律。只要孩子犯的错误越来越少，就是学习和进步的表现。不允许孩子犯错，就阻断了孩子的成长之路。

我们期待家长能够牢记以下文字：

错误 = 机会 = 成长

家长要学会坦然地面对孩子的错误，把错误当成孩子成长路上的一个小插曲。相信了错误是学习和成长的机会，也就相信了人类天生具有自我完善的能力。当孩子犯错的时候，成长就有了多种可能。

二、为什么惩罚无效

惩罚真的能让犯错的孩子长记性吗？是不是有的孩子仍然我行我素，屡教不改？如果家长在孩子犯错的时候打骂孩子，就给孩子做了不好的行为示范。不自控的家长一般无法教出自控的孩子。

如果孩子怨恨家长，或者总想着如何躲过一劫，就不太可能认真地反思自己的过错了。一段时间之后，有的孩子仍然记得自己被家长训过，却不记得自己为什么被训。有的孩子就像被黑夜笼罩了一般，顾不得看路，只盼着天快点儿亮。

我认识的一个孩子，他每次偷玩游戏之后都会受到家长极其严厉的惩罚，可他依旧屡教不改，每天都要偷偷地玩游戏，想尽一切办法不让家长发现，他不仅没改掉爱玩游戏的毛病，还多出了一个爱说谎的毛病。

惩罚就像一支拙劣的画笔，将孩子刻画成负面的形象，当这个负面形象不断地深入孩子的内心时，孩子便像中了魔咒一样，越来越符合这个负面形象。面对犯错的孩子，家长要学会引导孩子，将错误转化为成长的机会。

三、家长应该怎么做

家长不应该训斥、打击孩子，而应该尊重、信任孩子，和孩子一起解决问题，帮助孩子更好地成长。

1. 帮助孩子减少一些干扰或诱惑

太小的孩子，自控力较差，难以抵挡一些强烈的干扰或诱惑，比如美食、电子产品、玩具等。家长要帮助孩子减少一些干扰或诱惑。家长可以看看以下的案例：

沐沐的妈妈说沐沐做作业不仅慢，而且错题特别多，怎么吼他、打他都没用。沐沐每天放学后在客厅里写作业。爷爷奶奶经常在客厅里走来走去、互相交谈，有时还会看电视，时不时地问沐沐要不要喝水、吃水果，还有一只小狗围着沐沐转悠。如果家长不能给孩子提供一个相对安静的学习环境，就不能怪孩子不自觉、总犯错。

阳阳爱玩手机，而且从来不按约定的时间放下手机。妈妈对此很头疼。

既然知道阳阳不遵守约定，那是谁把手机给阳阳的呢？妈妈不好意思地笑笑说："是我，因为我不给他手机，他就闹啊！"如果阳阳这次遵守约定，下次妈妈就给阳阳手机。如果阳阳这次不遵守约定，下次妈妈就坚决不给阳阳手机。如果孩子一哭闹，家长就答应孩子的无理要求，那岂不是引诱孩子哭闹吗？

东东的爸爸一进门就跟东东说，新买的手表到了，让东东写完作业之后再来研究手表。一晚上东东都不能专心地做作业，跑进跑出书房好多回。东东的爸爸火了，训斥东东不听话。东东的好奇心本来就强烈，他就想立即研究自己的新手表。爸爸告诉东东先做完作业，再研究手表，这对东东来说简直就是酷刑。为什么爸爸不先忍一忍，等东东做完作业之后再告诉东东手表的事呢？

2. 让孩子承担后果，增强责任感

可以将后果分为自然后果、合理后果和商定后果三种。

自然后果：是人们不去干预，自然而然会发生的后果，比如孩子做作业不认真就会受到老师的批评，不按时吃饭就会挨饿，不按时起床就会迟到，等等。很多时候，孩子只有体验过一些自然后果之后才能学会对自己的行为负责。可是有的家长因为害怕孩子迟到了、饿着了、冻着了、学习跟不上了……就把本该孩子操心的事情全都揽到自己的身上。有的孩子知道家长会帮自己着急，就心安理得地上课不听讲、写作业不用心……反正有人操心。如果家长太负责任，孩子就不用负责任了。

阳阳的妈妈说："每天早上叫阳阳起床实在是太痛苦了，我喊半天，他都不肯起来，他一起来就乱发脾气，好不容易让他洗漱完毕，眼看就要迟到了，我只好开车送他。"我们建议阳阳的妈妈不要再送阳阳上学，让阳阳自己承担迟到之后的自然后果。阳阳的妈妈不同意，并说："不能让

孩子迟到。如果孩子迟到了，就得饿到中午才有饭吃，他的身体怎么受得了呢？"妈妈替孩子承担了所有的自然后果，生怕孩子受一点儿委屈。可是孩子不负责任，不会感激妈妈，更不懂得体谅妈妈的辛苦。哪天妈妈不能送孩子了，还会遭到孩子的埋怨。如果孩子因为迟到挨批评了，自然就会早起，饿了自然就会多吃一点儿饭，偶尔迟到一次、不吃早饭都没有太大的关系。如果家长替孩子操心太多，让孩子养成了不负责任的习惯，那影响可就深远了。

其实每个孩子都有自我调节的能力，知道怎样做才能让自己过得更好。阳阳跟妈妈在一起的时候总是磨磨蹭蹭的。可是阳阳跟爸爸在一起的时候就完全不存在磨蹭的问题，因为阳阳知道，即使他快迟到了，爸爸也肯定不会开车送他去学校。

换个角度来说，家长不肯让孩子体验自然后果，其实是对孩子错误行为的奖励，磨蹭了有人送，题错得多了有人帮着检查，东西忘带了有人立即送过去……

孩子其实是有责任心的。家长要做的就是放松轻，让孩子自己体验自然后果。家长过多的操心、担忧、焦虑，无益于孩子的成长。如果家长给孩子体验自然后果的机会，孩子就会明白自己应该怎样做。

合理后果：是家长对孩子行为干预之后设置的后果。有时候，如果孩子违反规则，影响他人，关乎生命安全、身体健康等，家长就不能继续让孩子体验自然后果，必须及时地干预并制止孩子，给孩子有限度的选择，设置合理的后果。

有的孩子规则意识和安全意识都很薄弱，经常无视纪律，行为散漫，举止随意，令周围的人苦不堪言。这些孩子的家长，要么严厉地控制孩子，要么一味地纵容孩子。如果孩子在公共场所疯狂地叫喊，家长就应该告诉孩子："你已经打扰到别人了，请你立即停下来，不然我们就马上回家。"

如果孩子没有停下来，家长就应该坚定地执行规则。一个妈妈对孩子说："如果你再不停止打闹，我就把你一个人留在这里。"结果孩子当真选择留下来。妈妈当然不想让孩子单独留下来，想强行带孩子走。妈妈出尔反尔的做法势必让自己失去了威信，增加了执行的难度。家长可以看看以下的案例：

一位全职妈妈，两个孩子都非常磨蹭，每天早上，就像打仗一样，吼叫声、哭喊声一片，慌慌张张地卡着点出门。有一天，妈妈对两个孩子说："从明天开始，我不会再不停地催促你们了，我会在客厅等你们，然后7点10分准时下楼开车，无论你们有没有准备好。"两个孩子根本不相信妈妈真的会这样做。第二天早上，两个孩子依旧磨磨蹭蹭。到了7点10分，妈妈说："好了，孩子们，我们该出发了。"可是两个孩子还在兴奋地交谈着，姐姐还没梳好头发。他们目瞪口呆地看着妈妈拎着包出了门，隔着窗户看见妈妈启动车子，然后开车走了。

半个小时之后妈妈回来了，并对孩子们说："我已经开车到达学校，然后返回来了，我今天已经完成了送你们上学的任务。"两个孩子痛哭流涕，表示已经准备好了，要求妈妈送他们去上学。妈妈将他们送下楼，叫了一辆网约车，温柔地抱抱两个孩子，然后对他们说："你们自己搭车去上学吧，打车的钱从你们的零花钱里扣，妈妈还有很多家务要做呢。"从此之后的每一天早晨，两个孩子再也不磨蹭了。

合理后果可以非常有效地促使孩子改善自己的行为，但是一定要与惩罚区分开来。合理后果一定要符合以下三个原则：

尊重：合理后果一定不能包括斥责、打骂和羞辱的内容。

合理：合理后果一定不能包括损害身心健康、危及人身安全的内容。

预先告知：让孩子预先知道，如果他选择了某个行为，将会有怎样的后果。

这样的是合理后果：

我们明天早上 9:00 出门，如果你那时仍然没有准备好，就要自己待在家里了。

如果你再对我说话没礼貌，我就不再听你说话了。

如果你不能在 10 分钟内关掉电脑，我就取消你明天玩电脑的资格。

你需要在晚上 8:30 之前完成全部作业，然后洗澡睡觉。如果你超过了这个时间，就不能再做作业了。

如果你继续对小伙伴大吼大叫，我就立刻带你回家。

如果你明天还是没有把书还给同学，我就会陪你一起去学校。

这样的是惩罚：

不尊重孩子：如果你再不停下来，当心我揍你！

没有提前告知：二话不说，拉起孩子就回家。

影响健康：如果你再不停下来，我就不许你吃晚饭！

无法实现：如果你再不停下来，就去做 200 个俯卧撑！

恐吓威胁：如果你再不停下来，我就不要你了！

让孩子体验合理后果的关键是家长平和而坚定的态度。家长的目的是让孩子选择负责任地合作，不伤自尊地改正错误，而不是让孩子有屈辱感，有意让孩子吃苦头。

商定后果： 是家长和孩子共同商讨确定的后果，比如玩电子产品超时，要扣除多少游戏时间。有时候因为条件的限制，家长无法让孩子承担自然后果时，就可以和孩子一起商定后果。

商定后果的好处在于家长可以给孩子更多的主动权，引导孩子想办法解决问题。在解决问题的过程中，孩子能够提高自己的语言表达能力、独立自主能力、承担责任能力等。

商定后果成功的关键是家长的态度平和、冷静，家长尊重、包容孩子。

在正常情况下，家长与孩子积极沟通并鼓励孩子的好行为，就能有效地改善孩子的行为。如果家长已经坚持这样做了，孩子仍然屡教不改，那就很可能是因为孩子的自控力不足，或者孩子有意挑衅家长。此时，有的家长会觉得自己被孩子欺负了，受到了伤害，想要"以其人之道，还治其人之身"，这是不成熟的家长做法。如果家长真的与孩子针锋相对，那就根本无法帮助孩子学会自控，反而同孩子一起卷入了"战斗"，岂不是又回到了从前的老路上？无论孩子如何无理取闹，成熟而稳定的家长都会坚持心中的目标：商定后果，解决问题，不和孩子吵架。

商定后果的步骤很简单，一共有三步：

第一步，陈述事实，表达感受，发出邀请。

第二步，共同讨论解决问题的方案。

第三步，商定后果，确定实施的时间。

将讨论的结果记录在"家庭成长录"上，父母和孩子共同签名确认。这样做的目的是方便日后查看，在一定程度上增强孩子的执行力。如果家长将此理解为"签字画押"，孩子必须百分之百做到，那就没有哪个孩子敢在上面签字了。很多时候，问题不是一次就能解决的，可能需要反复多次才能解决。在这个过程中，家长要有耐心，坚持不懈，不能随意朝孩子发火，要让孩子感受到家长对他的尊重以及家长对这件事情的重视。

让我们一起来看看家长和孩子的交谈记录吧。

四、交谈记录

交谈记录 1

读小学六年级的耀文，经常会因为玩电子产品而与妈妈爆发冲突。妈妈因此感到身心疲惫。从前妈妈会朝耀文发火或者狠揍耀文一顿，后果就是妈妈和耀文的亲子关系紧张。现在，耀文的力气越来越大，妈妈已经揍不动他了。最近耀文因为玩电子产品，开始反抗妈妈，甚至挑衅妈妈："你发火呀，你怎么不发火了？你快来打我呀！"此时妈妈有一种手无寸铁，等着被欺负的感觉。不过，妈妈最终决定不朝耀文发火，试着跟耀文一起商定后果。

妈妈（调整好情绪）：儿子，我们俩几乎每隔两三天就会因为你玩电子产品的事而大吵一架，妈妈觉得特别痛苦，我不想再跟你吵架了，我们一起商量一个解决办法吧。（描述事实，表达感受，发出邀请。）

儿子：什么办法？

妈妈：我们一起商量一个使用电子产品的时间和违反约定的后果吧。

儿子：我不想商量。（不想被约束。）

妈妈（坚定地说）：那么好吧，我会把平板电脑暂时放在我办公室里，直到我们找到解决问题的办法。我可不想让平板电脑再继续破坏我们之间的关系。（如果孩子不愿意配合，家长千万别发脾气，说出合理后果，让孩子来做选择。）

儿子：妈妈，你说说解决办法吧。

妈妈：关于你什么时间可以使用平板电脑，每次可以用多久平板电脑，在什么情况下可以使用平板电脑，你有没有自己的想法？（共同讨论解决问题的方案。）

儿子：我想每天做完作业之后玩一会儿平板电脑。

妈妈：一会儿是多久呢？（时间要具体。）

儿子：40分钟吧。

妈妈（温和、真诚地说）：咱们把时间算一算。写完作业以后，去除洗漱、阅读的时间，你还能有这么长的时间玩平板电脑吗？

儿子（思索一番）：那就20分钟吧。

妈妈：你的意思是说，你每天晚上9点之前保质保量地完成作业，可以玩20分钟的平板电脑，对吗？（确认双方理解的意思是否一致。）

儿子：是的，妈妈。

妈妈：嗯，我觉得可以试一试，但前提是你不能影响学习。如果你总惦记着玩平板电脑，影响了听课和做作业，我就要重新考虑你玩平板电脑的时间了。

儿子：好的，没问题。

妈妈：如果到了约定的时间，你还是没有停下来，那么后果是什么呢？

儿子：放心吧，妈妈，你相信我，我不会违反的。

妈妈（平和地说）：妈妈相信你，不过后果还是要说的。

儿子（有些不高兴）：我不知道。（先由孩子自己说，如果孩子不愿意说，那就先听从家长的建议。）

妈妈：这样吧，每天多给你5分钟关平板电脑的时间。如果你超时玩平板电脑了，就按照超出时间的双倍扣除后面玩平板电脑的时间，扣完明天的，再扣后天的，以此类推。

儿子：好吧。

妈妈：那咱们从什么时候开始呢？（确定实施的时间。）

儿子：就从明天开始吧。

妈妈把讨论的内容写在"家庭成长录"上，母子俩签字确认。

头两天，母子俩相安无事。到了第三天，耀文又开始"旧病复发"，到时间后硬是不肯交出平板电脑。妈妈没有硬抢，也没有朝耀文发火。耀文超出约定时间半个小时，才终于关闭平板电脑，嬉皮笑脸地问妈妈："妈妈，你怎么不发火呀？"妈妈平静地说："我不会发火的。你今天超时了30分钟，你知道后果吗？""双倍扣除后续玩平板电脑的时间。那我是不是连续三天不能玩平板电脑了？如果我不同意呢？"耀文试探地问。

"那我就把平板电脑放在办公室里，直到我们找到新的解决办法。"

妈妈平和、坚定地说。

三天过后，妈妈说话算话，耀文重新获得了玩平板电脑的机会。

有的家长总想用打骂的方式镇压孩子，还以为这样做能在孩子面前树立威信。殊不知，有的孩子会觉得家长像一个身上装着特别按钮的小丑，他一按，家长就爆发了，甚至会将挑衅家长当成乐趣。家长要平和、坚定地坚持原则，才能真正地让孩子敬畏。

交谈记录 2

上小学三年级的牛牛最近脾气特别大，总是无理取闹，稍不顺心就大吵大闹。昨晚牛牛在和小伙伴们一起玩的时候，还恶狠狠地对小伙伴们说："我要用铁球砸死你们！"牛牛说完就准备拿玩具小铁球砸小伙伴，所幸爸爸及时地阻拦牛牛，才没有发生危险的事情。妈妈要带牛牛回家，牛牛不肯，还大声嚷嚷："我不怕你们，爸爸说过以后不再打我了！"

以前，牛牛一旦不听话，就会挨爸爸揍。爸爸在学习了教练必修课之后就跟牛牛保证，他以后再也不打牛牛了，要和牛牛好好说话。可是，牛牛在爸爸保证之后就开始行为放肆。爸爸妈妈坚持不再以暴制暴，准备和牛牛好好地谈一谈。

妈妈：儿子，你最近经常朝我们大吼大叫，也会打其他小朋友，我们很难过，其他小朋友也很难过。我们特别担心你，因为昨天晚上你的举动太危险了。如果你把小朋友弄伤了怎么办？你以后不能再发生这样的情况了。我们一起来想想解决办法吧。（描述事实，表达感受，发出邀请。）

爸爸：没错，你这样做太危险了，我们得想办法避免再发生类似的事。

儿子（愤怒地说）：我就是讨厌小刚，他喜欢骂人，不讲道理。（牛牛的情绪很激动，这时候不宜解决问题。请家长用移情聆听的方式来帮助牛牛释放情绪，等牛牛的情绪恢复平静之后再继续解决问题。）

妈妈（关切地说）：你看上去很生气，好像还有点儿委屈。

儿子（哭着说）：我当然很生气，他在学校里总是随便拿我的东西，还骂我，我恨死他了！

爸爸（拍拍儿子的肩膀）：嗯，爸爸理解你，以前你说过这个情况，我们还一起想过办法呢。看来这个问题还是没有得到解决，是吗？

儿子（点点头，情绪已经没有那么激动了）：是的。

妈妈：那你该怎么办呢？

儿子：我明天偷偷带把小刀去学校，他再敢拿我东西、骂我，我就划破他的手！（孩子想到的解决办法是简单、粗暴的。）

爸爸（真诚地说）：可是然后呢？小刚的手会不会流血？小刚会不会很疼？（爸爸引导牛牛认真地考虑后果。）

妈妈（同样真诚地说）：哎呀，那肯定很疼！他的手流血了，怎么办呢？他是不是要去找老师呢？

儿子沉默不语。

妈妈：如果你把小刚的手弄伤了，我们就会很难过，还得带你去给小刚道歉。

儿子（摇摇头）：妈妈，我不会那样做的……

爸爸：那你打算怎么做呢？（共同讨论解决问题的方案。）

儿子：我明天去跟小刚道歉，然后跟小刚说，如果他想拿我的东西，就要先跟我说一声。

妈妈：我觉得可以试一试。

爸爸：我也支持。

妈妈：你经常朝我们大吼大叫，朝其他小朋友发火，该怎么办呢？（和孩子一起商定后果。）

儿子：对不起，爸爸妈妈，我以后不会了。（牛牛之前已经说过很多次这种话了。）

爸爸：我们一起来约定一个后果吧，我们大家都要好好说话。

儿子：以后，如果我再朝你们吼，就帮你们做家务；如果我再朝其他小朋友吼，就跟你们回家。

妈妈：你要做什么家务，做多少家务呢？

儿子：拖客厅的地吧，吼他人一次，就拖两天地。

爸爸：我再补充一下，以后你在大吼大叫时提出来的要求，爸爸妈妈都会装作听不见，除非你好好说，明白吗？（这是一个合理后果。）

儿子（点点头）：明白了。

妈妈：我来说一下我们刚才讨论的结果吧，就是我们都要好好说话。如果牛牛再吼爸爸妈妈，就拖两天地。如果牛牛再吼其他小伙伴，就立即回家。对于牛牛在发脾气时提出来的要求，爸爸妈妈都会装作听不见。是这样的吗？

儿子：是的。

爸爸：那我们就从现在开始实施吧。（确定实施的时间。）

妈妈把讨论的结果写在"家庭成长录"上，三个人都签上了各自的名字。

问题当然不会一次就能得到解决，后来牛牛又发了几次脾气，甚至因为不愿意拖地，还跟爸爸妈妈闹了几回。爸爸妈妈都平静地坚持原则，牛牛的情绪也越来越平稳。在遇到问题时，牛牛不再那么急躁了，而是积极地想办法解决问题。一个月之后，爸爸妈妈都觉得牛牛好像突然长大了好多。

家长在和孩子谈话时，既要紧扣目标，又要随机应变。在孩子情绪比较激动时，家长不要慌张，把握一个原则：先处理情绪，再解决问题。先别急着纠正孩子的想法，家长先引导孩子自己去思考所有可能的后果，再思考解决问题的办法。

交谈记录 3

佳芸又一次把作业落在了学校，这已经是本学期第四次了，她恳求爸爸陪她去学校取。因为之前没有这方面的约定，爸爸打算先陪佳芸去取作业，再和她好好谈谈。

爸爸（平和地说）：芸芸，今天爸爸有些生气，这已经是我们这个学期第四次去学校取作业了，从我们家开车到学校要 15 分钟，来回得 30 分钟。这 30 分钟的时间就这样被浪费了。我也想下班回家后好好地休息一下。我们得想一想下次该如何避免忘记带作业的情况。（描述事实，表达感受，发出邀请。）

女儿（有些不好意思）：对不起爸爸，你放心，不会再有下次了。（这话已经是佳芸本学期第四次说了。）

爸爸：你觉得应该怎样做才能避免再次发生这样的情况呢？（共同讨论解决问题的方案。）

女儿：以后我每上完一节课，就把课本和作业本都装进书包里。

爸爸：还有吗？

女儿：每天在出教室门前，我再检查一遍，看看有没有漏掉的书或作业本。

爸爸：嗯，挺好的。如果你又忘记带作业了，怎么办呢？（商定后果）

女儿：爸爸，请你相信我，我真的不会忘了。

爸爸（平和、坚定地说）：爸爸相信你，但是后果还是要说的，这和相不相信你没关系。如果你忘记了带作业，就得承受约定的后果。

女儿：我耽误了你的时间，我就用帮你做家务来弥补吧。

爸爸：我还有一个建议。如果你又忘了拿作业，就得自己想办法解决。如果你要我开车送你去学校，油费和停车费就从你的零花钱里扣，怎么样？

女儿：好的，这个没问题。

爸爸：那你就从明天开始吧。（和孩子一起确定实施的时间。）

没过多久，佳芸又把课本忘在学校了。爸爸对佳芸说："算了，你今天就别做作业了。"佳芸当然不肯，再次请求爸爸陪她去学校取，并且乖乖地用零花钱支付了油费和停车费，吃完饭后又把碗洗了。后来，佳芸没再出现忘拿作业或课本的情况。

佳芸屡次把作业或课本忘在学校，归根结底是因为她对自己的行为不负责任。面对孩子忘记带作业的情况，大多数家长会担心孩子完不成作业，虽然嘴上埋怨孩子，但行动上积极配合孩子去学校取，这实际上鼓励了孩子这种不负责任的行为。在商定后果的时候，家长要用行动让孩子明白，并且让孩子真正体会到，任何疏忽都是有代价的，无论是金钱上的、时间上的，还是精力上的。在承担后果之后，大部分的孩子便学会了为自己的行为负责任，学会了约束和调整自己的行为，以及建设性地解决问题，变得更加成熟。

有一天，家长会发现，孩子好像突然长大了，变得特别省心，因为家长已经帮孩子安装好了"自动纠错系统"，让孩子对自己的行为有了分析、判断、决策和修正的能力。家长在孩子身上花费的时间和精力都是非常值得的，现在的"管"正是为了将来的"不管"。现在纠正犯小错的孩子是为了避免孩子将来犯大错。如果家长这样想，是不是就能更轻松、坦然地面对孩子所犯的各种错误了呢？

五、思考与练习

（1）现在，在孩子反复犯错的时候，你该如何做呢？

（2）宇浩经常会在写作业的时候，借着查资料的机会悄悄地玩游戏。如果你是宇浩的妈妈，你该怎样帮助宇浩呢？

04
第四部分

常见问题解答

孩子不肯执行时间图了，家长该怎么办

在正常情况下，大部分孩子乐意执行自己制作的时间图。如果孩子不肯执行时间图了，家长就需要确认几件事情：

一、是家长和孩子一起商量制订的时间图吗

有的家长对孩子有着非常强烈的控制欲，所谓的商量只是例行公事地询问孩子一番，然后按照自己的想法给孩子提建议，孩子基本只有"答应"这一个选项。孩子自然不乐意执行这样的时间图。

家长可以给孩子建议，但不能强迫孩子必须接受。刚开始，孩子不会科学合理地安排自己的时间。比如，孩子每天早上 7：30 之前出门才能确保上学不迟到，可是他却把起床时间定在 7：20，只留给自己 10 分钟的准备时间，这显然不够。家长需要强行纠正孩子吗？我们建议家长适当地提醒孩子，可以对孩子说："10 分钟的准备时间恐怕不够哦！"如果孩子仍然坚持自己的想法，那么家长就让孩子尝试几天。家长千万别抱着"看好戏"的心态，要真诚地陪孩子体验，孩子可能很快就会发现其中的问题，这时家长再来和孩子沟通，孩子就比较容易接受家长的建议了。家长这样做有助于保护孩子的积极性和主动性，促使孩子自己成长。即使孩子因为时间安排不合理而迟到了一两回，家长也不要责骂孩子，让孩子自己承担

自然后果，会促使孩子主动思考和调整自己的起床时间。用一两次不尽如人意的结果换孩子更长远的进步，这是非常划算的。

二、时间图是否适合孩子

在制作时间图的时候，孩子可能因为经验不足，也可能因为想做家长心目中的好孩子，制作了一张超出自己能力范围的时间图。比如，孩子以往完成作业的时间是晚上 9 点左右，可是家长期待孩子完成作业的时间是晚上 7 点左右。让孩子在晚上 7 点左右完成作业，就大大超出了孩子的能力范围。

家长不要以为孩子说到就一定能够做到。人们很难完成超出自己能力范围太多的事情，它不符合大脑的运行规律。家长可以主动地帮孩子降低难度，让孩子循序渐进地执行时间图。

三、家长与孩子的沟通是否出现了问题

孩子突然不肯配合执行时间图了，有可能是因为家长与孩子的沟通出现了问题。此时有的家长可能会感到恐慌，担心孩子又恢复了老样子。家长先别着急。在完成了一系列的学习和训练之后，孩子已经不再是从前的那个孩子了，他很清楚地知道自己应该怎样做、怎样做才会更好。家长要注意觉察和纠正自己与孩子的沟通方式。

家长先让自己冷静下来，再回顾自己与孩子近期的沟通方式。那些强硬、控制的沟通方式是不是又出现了？亲子关系是否又亮起了红灯？如果家长调整好自己与孩子的沟通方式，孩子很快便会回归正轨。

常见问题 2：
孩子总是赖床，家长该怎么办

叫孩子起床，是除了让孩子学习以外，又一件让家长头疼的事情。孩子总是嘴上说得好好的，也定了闹钟，可是早上怎么都睡不醒，起床后还乱发脾气。面对这种情况，家长应该怎么办呢？

一、判断孩子的睡眠时间是否充足

充足的睡眠是孩子顺利早起的重要前提。在《关于进一步加强中小学生睡眠管理工作的通知》里强调：小学生每天睡眠时间应达到 10 小时，初中生应达到 9 小时，高中生应达到 8 小时。

如果孩子的睡眠时间不充足，孩子当然起不来床。家长可以根据孩子的起床时间往前倒推 8～10 个小时，作为孩子的睡觉时间。孩子们之间可能存在睡眠的个体差异，但每天应不少于 8 个小时的睡眠时间。比如，孩子早上 7：00 起床，往前推 9 个小时就是晚上 10：00，那么孩子应在晚上 10：00 之前睡觉。

家长要给孩子做好早睡早起的榜样，做到不熬夜，和孩子一起养成良好的睡眠习惯：睡前 1 小时不接触电子产品，因为电子产品散发的蓝光会让人的大脑兴奋，让人难以入睡；睡前 1 小时不做剧烈运动，不进食，不喝刺激性饮料，也不喝过多的水。可以让孩子在睡前听一些睡前故事、轻音乐等。

二、了解孩子的睡眠规律

为什么有的孩子睡眠时间并不短，却很难被叫醒呢？我们先来一起了解一下睡眠的规律。人类的睡眠可分为五期、两相：第一期，人躺下不久，意识处于模糊的状态，身体有飘浮的感觉，如果此时醒来，则会否认已入睡。第二期，此时睡眠甚好，掰开眼睑不见光，眼球也不动，如果此时醒来，仍有未曾入睡之感。第三期，机体对外界刺激的阈值提高，有睡眠感但不深。第四期，睡眠最深，无精神活动，无眼球活动，生命体征正常，不易被叫醒。第五期，伴有眼球快速水平颤动等，有丰富多彩的梦境。上述前四期叫非眼快动相睡眠，第五期叫眼快动相睡眠，这两相睡眠交替循环，每夜有数个循环周期。如果孩子刚好处在浅睡当中，就比较容易被叫醒；如果孩子正在深睡，就不容易被叫醒，即使强行被叫醒了，他也会烦躁、乱发脾气。所以，家长应该给孩子预留 10 ～ 15 分钟的缓冲时间。

别指望孩子一叫就起。提前打开窗帘，让光刺激孩子的视觉，再用欢快的音乐来刺激孩子的听觉。比如孩子早上 6：30 起床，家长就可以在 6：15 左右开始行动。

家长也可以在叫孩子起床的过程中加入一些游戏的元素。有一位妈妈每天早晨都和孩子一起玩"孵蛋游戏"，孩子是蛋，妈妈是母鸡，每天早上妈妈把孩子从被窝里"孵"出来。孩子很喜欢玩这个游戏。有的家长在叫孩子起床的过程中玩"卖羊肉串的游戏"。孩子在爸爸妈妈的叫卖声中醒来，想象着羊肉串的香气，美好的一天就此开始了。充满趣味的游戏大大降低了孩子起床的难度。

三、家长有没有在早上给孩子安排额外的任务

有的家长希望孩子充分利用早晨的宝贵时光，给孩子安排了许多额外的任务。孩子本来就不愿意起床，家长却跟孩子说："快起来吧，先把课文读三遍，再背十个单词，然后围着小区跑三圈……"听到家长这样说，孩子更加不愿意起床了。

家长不是不能给孩子安排任务，而是应该先培养孩子的兴趣，调动孩子的积极性，再引导孩子主动地安排自己的时间。

孩子写作业快，但无法保证作业的完成质量，家长该怎么办

孩子通过训练树立了时间观念，提高了写作业的速度，可是无法保证作业的完成质量。面对孩子的这一情况，家长应该怎么办呢？其实，将作业写得又快又好是一种较为理想的状态，孩子要做到这一点并不容易。一些孩子做作业的状态是：好了就快不了，快了就好不了。我们不妨把做作业的过程分成两步："做得快"和"做得好"。

家长先从"做得快"入手，因为孩子比较容易做到"快起来"。孩子能通过"做得快"获得成就感和自信心，进而带动后面的"做得好"。针对孩子目前"做不好"的情况，家长应该怎么办呢？暂时忽视孩子"做不好"的情况，先将目标锁定为"做得快"。如果家长一边要求孩子快速做作业，一边又责怪孩子没写好，孩子就可能什么都做不到。家长最好先跟老师沟通，争取得到老师的理解和支持。在孩子能够做到快速写作业之后，家长就可以着手要求孩子"做得好"了。

家长要在孩子做好的时候及时地肯定和鼓励孩子。想要孩子"做得好"，正确的方法不是用"不好"来批评孩子，而是找到那些"好"来肯定和鼓励孩子，这样孩子的"好"才能生根发芽，开花结果，覆盖掉那些"不好"。即使很难找到孩子的"好"，家长也要用放大镜来找。鼓励孩子改正明显的错误，暂时忽略那些无关是非对错的"不好"。如果家长坚持这样做，孩子就能逐渐提高作业的完成质量。

常见问题 4：
孩子在使用番茄钟的过程中多次中断，
家长该怎么办

如果孩子在使用番茄钟的过程中多次中断，家长就要着重考虑三个问题：

一、是否对孩子的专注力有过高的期待

如果孩子欠缺专注力，那么他在使用番茄钟的过程中中断几次，是非常正常的情况。孩子可以通过训练逐渐提升专注力。

现实情况是，有的家长一看到孩子在使用番茄钟的过程中中断 3 次以上就无法淡定了。看到孩子不是喝水就是上洗手间，不是走神发呆就是玩文具，有的家长感到难以忍受，怒火中烧。此时，比训斥孩子或者强迫孩子坐在书桌前更有意义的是，家长平心静气地观察和记录孩子的中断情况，并如实地将记录结果反馈给孩子。问题只有从潜意识层面浮现到意识层面才能得到解决。

二、是否为孩子提供了良好的学习环境

嘈杂的外部环境极大地考验那些缺乏专注力的孩子，任何外在事物都可能会吸引他们的注意力。家长不能一边给孩子提供嘈杂的学习环境，一边又责怪孩子不自觉。

家长在训练孩子专注力的过程中需要注意以下四点：

● 布置一个相对独立、安静、整洁的学习环境。桌面上除了台灯、书本等必备的学习用品以外，不要摆放多余的物品。尽量为孩子选购纯色的桌椅，不要有花哨的图案。

● 在孩子使用番茄钟的过程中，家长不要询问孩子是否吃水果、喝牛奶等，可以让孩子在休息时间解决生理需求。

● 在孩子使用番茄钟的过程中，家长不回答孩子的问题，以便帮助孩子养成独立思考的习惯。可以先让孩子独立思考问题的答案，遇到实在不会做的题时，就让孩子做上记号，最后由家长集中解答。

● 在孩子写作业的时候，家长不要打开电视或者在一旁玩手机，否则孩子很难抵挡住这样的诱惑。如果家长要帮孩子记录中断的情况，就可以在孩子旁边一边读书、看报、工作等，一边记录。在孩子拥有较强的专注力之前，家长别给孩子增加考验。

三、是否超出了孩子的能力范围

如果排除了以上两种因素，孩子在使用番茄钟的过程中中断了 10 次以上，那么番茄钟时长有可能超出了孩子的能力范围。如果是这个原因，家长就要考虑缩短番茄钟时长。可以将番茄钟时长从"10+5"开始逐渐增加，这样做容易让孩子树立自信心。只要看到孩子进步了，家长就立即肯定孩子，鼓励孩子。有时候家长认真、坚持的态度能让孩子重视自己的问题。

常见问题 5:
如何保护孩子的专注力

家长要注意保护孩子的专注力。在正常情况下，随着年龄的增长，孩子的专注力时间会逐渐延长。但是，一些家长错误的养育方式会破坏孩子的专注力。家长在养育孩子的过程中应该注意以下五点：

一、避免朝孩子发脾气

家长对孩子采用粗暴的教养方式会破坏孩子的安全感，孩子就好像一只惊慌的兔子，总是无法安静下来专心做事情。有些严重缺乏安全感的孩子，别说上课认真听讲了，就连单纯地站着或者坐着，他们都无法做到，有特别多的肢体动作。家长要认真学习教练必修课，学会改善亲子关系，平和、冷静地应对孩子出现的各种状况。

二、确保孩子有充足的睡眠时间

孩子拥有良好专注力的前提是晚上按时睡觉，确保有充足的睡眠时间。如果孩子头天晚上睡不好，第二天的"电量"不足，就无法专心听课，不能顺利地完成各项任务。为了让孩子完成全部的作业，牺牲孩子的睡眠时间，这实在不是一个明智的做法。

三、一次只做一件事

让孩子一次只做一件事。家长不要为了节约时间而让孩子同时做几件事情，比如吃饭的时候看书，走路的时候背课文，刷牙的时候听单词，等等，看似节约了时间，实则破坏了孩子的专注力。

四、培养孩子的规则意识

没有规则意识或者规则意识较差的孩子，没有办法静下心来学习。一是因为模糊不清的边界让孩子没有安全感；二是因为孩子不会主动约束自己的行为，举止随意，缺乏专注力。

家长不能随心所欲地阻止孩子的行为，要认真学习教练必修课，先改变教育方式，再制订一份明确成文的家庭公约。

五、不打扰孩子玩耍

一个不能专心玩耍的孩子，也不可能专心学习。在孩子玩耍的时候，有的家长会经常干涉、打扰或者强行制止孩子，长期如此，会破坏孩子的专注力。家长尽量别打扰孩子玩耍，如果时间允许，就先让孩子玩够了，再让孩子做其他的事情吧。

常见问题 6：
训练了几周，孩子的积极性不高了，
家长该怎么办

家长都希望孩子能在成长的过程中呈现直线上升的状态。然而，孩子不会一直呈现直线上升的状态，可能会呈现螺旋状上升的状态，还可能呈现"一步三回头"的状态。孩子在成长的过程中出现行为波动，是非常正常的事情。

看到孩子在短期内进步得比较快，家长就有了希望。看到孩子进步的速度变慢，有的家长就会感到恐慌，甚至开始怀疑：这个家教方法有效果吗？自己的付出是否白费了？一些家长的信心开始动摇，他们不确定自己是否还要继续坚持下去，心中的恐慌放大了孩子行为波动的后果，心理的落差让他们感到十分焦虑。

家长一定要相信：经过训练的孩子就像发芽的种子一样，产生了许多奇妙的变化，他已经不再是从前的那个孩子了，他变得更容易被唤醒。家长要做的就是继续坚定地做正确的、该做的事情。

孩子在成长的过程中，很可能会出现不同程度的懈怠，这都是很正常的现象，因为孩子的新习惯还没有强大到能和旧习惯抗衡的程度，在遇到压力时，旧习惯就想要出来当家做主，此时孩子训练的积极性就不高了。如果家长此时动摇了，无法给孩子支持和鼓励，仅凭着孩子自己对抗旧习惯，那么孩子就很难有胜算。当孩子的不良行为出现反复时，家长不要慌慌张张或者唉声叹气，坚持做对的事情。有些事情需要时间来发酵，家长别急，也别怕。

家长要做好以下三件事情：

一、觉察亲子关系

当孩子的行为出现波动时，家长首先要觉察的是亲子关系。如果亲子关系出现问题，孩子就很容易丧失做事情的积极性。

家长可以问自己以下几个问题：

我最近有没有朝着孩子大发脾气？

我又催促、唠叨孩子了吗？

我对孩子说话时的语气又变强硬了吗？

孩子最近愿意跟我说学校里的事情吗？

孩子敢向我坦白他自己所犯的错误吗？

对于孩子提出的不合理要求，我有没有答应？

借助以上的问题，家长认真觉察亲子关系，只有从根源上解决孩子的教育问题，才能带领孩子继续前进。

二、给孩子写"加油站"

坏习惯不断设置关卡，企图阻止孩子继续前进。关键时刻，家长需要用"加油站"来助孩子一臂之力。有时，家长的批评、斥责只会让孩子的坏习惯更加顽固，还会让自己站在与孩子敌对的阵营里。家长需要不断地肯定和鼓励孩子，以便增强孩子的力量。家长不仅要坚持为孩子写"加油站"，还要善于发现孩子的"星星之火"，尽快地调整自己的情绪状态，陪孩子走过低谷期，让"星星之火，可以燎原"。

三、用游戏来增添训练的乐趣

家长可以用游戏来增添训练的乐趣。除了本书为大家准备的打卡游戏或闯关游戏以外，家长还可以结合孩子的性格特点和兴趣爱好，一起发挥创意，设计脑洞大开的有趣游戏，调动孩子参与训练的积极性。

家长需要放平心态，调整好自己再出发，相信孩子前面的努力没有白费，孩子很快就能跟上来。

常见问题 7：
家长该如何引导孩子制订周末计划

周末是孩子练习自我管理的好机会。家长自然不能浪费这么好的机会。

周末对于有的孩子来说，几乎就是"混乱""被安排"的代名词。家长最好不要机械、刻板地约束孩子，要引导孩子合理地规划自己的周末时间，可以在每周五晚上共同讨论周末计划。

首先，家长和孩子一起将已经有明确安排的事项罗列出来，比如课外班、聚会等。这些事项都已经有了明确的时间安排，不用再次分配。

其次，家长跟孩子商量完成周末作业的截止时间。这样做是为了让孩子有一个明确的时间目标和一个努力的方向，增强孩子的紧迫感。完成周末作业的截止时间由孩子自己确定，最晚不要超过周日晚 6 点，因为还要留出订正错误的时间。

最后，家长和孩子一起安排写周末作业的时间，比如周六上午 8：00～10：00 写数学作业，晚上 6：30～7：30 写语文作业。家长可以给孩子建议，但不能强迫孩子接受。孩子需要在安排周末时间的过程中积攒经验，学会平衡。如果孩子想争取更多的自主时间，就需要想方设法地提高自己做作业的效率。

　　家长要让孩子遵守"先做该做的，再做想做的"时间安排原则。制订的周末计划要让孩子真正做到劳逸结合，提高孩子学习的积极性，提高孩子做作业的效率。

常见问题 8：
遇到突发情况，该如何调整计划

孩子已经做好了计划，学校突然安排了几天的训练活动，孩子的计划与学校的安排发生了冲突。面对突发的情况，孩子该如何调整计划呢？

提前做计划的目的之一就是让人们有应对各种变化的时间。如何调整计划是家长应该教给孩子的重要内容，家长需要引导孩子思考：

第一步，引导孩子思考哪些计划会受到影响

举个例子，孩子原本计划周一到周五每天晚上背 5 个单词、背一段课文，可是突然接到学校的通知，要求孩子参加学校篮球队的训练，每天在学校吃晚餐，放学时间推迟 2 小时。家长要引导孩子思考哪些计划会受到影响。先让孩子自己说，等孩子说完了以后，家长可以适当地补充一些内容。孩子原来 17：30 可以到家，现在 19：30 才能到家。在这样的情况下，如果孩子要保证按时睡觉，该怎样调整自己的计划呢？

第二步，该怎样调整计划呢

既要积极配合学校参加训练，又要完成自己的计划，这可行吗？孩子思考之后决定，可以在学校抽空完成一些家庭作业，晚上留出一部分时间来背单词，把背课文的时间调整到每天早上。也许家长有自认为更合适的答案，可以给孩子建议，但不能强迫孩子接受。

第三步，试着执行几天，再来看看效果

先让孩子按照自己调整后的计划执行几天，再来看看效果。

周二白天，孩子在学校里见缝插针地完成了作业，晚上顺利地背完 5 个单词，居然还有很多空闲的时间。可是周三早上，孩子却遇到了难题。本来孩子在早上就起不来，还想早起半小时背课文，挣扎了半天才起床，晨起背课文的计划最终以失败告终。看来还得调整计划。孩子计划午餐后，背完课文再去午休。这一次，孩子执行得比较顺利。

家长不仅要教会孩子如何调整计划，还要教给孩子解决问题的态度和思路。

孩子做作业磨蹭，家长该怎么办

通过观察众多家长陪孩子写作业的情况，我们将孩子做作业磨蹭的原因归纳为以下十种：

一、没有时间观念

没有时间观念的孩子不会将时间跟自己的行为联系起来，他以为时间多的是，总爱说"等一下""马上""干吗那么急"……有时候家长催促孩子一下，孩子就动一下。如果家长催多了，孩子就直接撂挑子不干了。家长要跟孩子明确约定完成作业的截止时间，否则有的孩子就会选择拖延。

二、做事情没有条理

有的孩子在做作业时，常常做完上一步，不知道下一步该做什么，一会儿削铅笔，一会儿玩橡皮，不懂得合理规划和安排时间，他想到哪里就做到哪里，写作业的速度自然很慢，家长需要在旁边不断地提醒他。你仔细观察这种类型的孩子就会发现，他们在生活中也是一样的磨蹭，做事情没有条理。

面对这种类型的孩子，家长越唠叨、催促，他们就越慢越乱。在和这类孩子说话时，家长要简短、清晰、明了。家长可以用作业清单和准备清单来帮助这类孩子明确写作业的步骤。

三、注意力不集中

注意力不集中的孩子，专注的时间比较短，目标感比较弱，很容易受到周边事物的干扰，一点点动静就会吸引他的注意力。这类孩子在写作业的时候不是玩尺子，就是削铅笔，有时还会发呆走神，在不知不觉中浪费了大量的时间。任何事物都可以干扰到这类孩子，家长要给这类孩子布置一个相对独立、固定、安静的学习环境。不能在桌面上堆放过多的物品，最好只放必备的学习用品，因为任何东西都可能成为这类孩子手中的玩具。

在这类孩子做作业的过程中，家长不要打扰他们，不要问他们吃不吃水果、喝不喝水之类的，也不要回应他们的话。因为如果家长接这类孩子的话，就相当于默认他们在做作业时可以说话。家长可以温和地告诉孩子，有什么事情等做完作业之后再说。

四、自理能力差

自理能力差的孩子是家长一手包办出来的。在孩子小的时候，有的家长缺乏耐心，嫌孩子自己做得又慢又乱，为了图省事，就替孩子做，认为孩子长大之后自然就会了。还有的家长认为孩子只需要把心思花在学习上，不需要操心生活上的事情。

然而，一个打理不好自己生活的孩子，也多半打理不好自己的学习。家长的溺爱包办，剥夺了孩子学习和锻炼的机会。由于缺乏熟练度，这类孩子总是会比其他孩子做事情的速度慢一些，在自信心受到打击以后，他们就更加不愿意自己做，时间一长，便养成了磨蹭、依赖他人的习惯。孩子在行为上依赖他人并不是最可怕的，最可怕的是在思想上依赖他人，不会独立思考，在遇到难题时，首先想到的就是"我不知道""我不会"。

家长要让孩子做一些力所能及的家务活，接纳和包容孩子从"乱七八糟"到"井井有条"的过程。孩子可以通过做家务让自己的身心更加成熟，思维更加敏捷，行动更加迅速，做事更有条理。

五、追求完美

追求完美的孩子大多有一位追求完美的家长。如果家长过于追求完美，孩子就容易压力过大，特别焦虑，害怕出错，惧怕学习，写作业的速度慢。

有一个孩子，写作业的速度特别慢，稍有一点儿不好的地方，就立马擦掉重写，有时甚至把整张纸撕掉。他妈妈对他说，有一点点不好的地方没关系。可是据我们观察，他妈妈虽然嘴上对他说"有一点点不好的地方没关系"，但是在他收拾书包的时候，他妈妈对于每件物品的摆放，甚至方向都有要求，如果他达不到要求，他妈妈就要求他将所有的物品重新摆放。孩子不仅会听家长如何说的，还会看家长如何做的。

家长要降低期待，不要过于苛求孩子。家长对孩子要求过高，会让孩子始终生活在挑剔、否定和自责当中，这不仅不利于孩子积极高效地学习和生活，还不利于孩子塑造健康的人格。家长要学会接纳孩子的不完美。月满则亏，水满则溢，缺少那么一点点，才是极其舒适的人生状态。家长不仅要学会欣赏自己，还要学会欣赏孩子。

六、寻求关注

有的家长认为孩子做得好是正常的，也是应该的，所以常常忽视掉肯定孩子的机会。而当孩子做得不好时，家长批评、提醒孩子，甚至惩罚孩子。孩子接收到的信息是这样的："当我做得好时，家长会选择忽视；当我做得不好时，家长会重点关注我。"于是，有的孩子想通过拖拉磨蹭、走神发呆等不恰当的方式来获得家长的关注。

家长要时常积极主动地关注孩子，因为每个孩子都希望得到家长的关注。如果孩子的好行为没有被家长看到，孩子没有得到家长的肯定和鼓励，就会退而求其次，用不恰当的行为来获得家长的关注。面对此种情况，正确的做法是：当孩子出现不好的行为时，只要无关健康和生命安全，不影响他人利益，家长可以暂时不关注孩子不好的行为，只关注孩子进步的地方，及时地肯定和鼓励孩子。

七、对学习不感兴趣

对学习不感兴趣的孩子因为经常被家长否定、打击、逼迫或者训斥，对学习采取逃避的态度，无论是听课还是写作业，都是能躲就躲，能拖就拖。长期如此，这类孩子就会有很多没弄懂的知识点，在写作业时就会遇到很多困难，更加不想学习。

家长要认真学习教练必修课，改变亲子沟通的方式，给孩子更愉悦的学习体验，多肯定、少打击孩子，多鼓励、少批评孩子。家长训斥、打击、唠叨、强迫孩子，只会让孩子将学习与痛苦的体验联系起来，从而排斥或者逃避学习。家长要用"放大镜"来寻找孩子在学习的过程中取得的点滴进步，并且不断地肯定和鼓励孩子为此付出的努力。

家长还要帮助孩子分解目标，帮助孩子树立自信心。对于一个较大的目标，如果孩子"跳一跳"也够不着，就有可能选择放弃，变得自暴自弃。家长可以将大目标分解成小目标，让孩子能够轻松完成一个个小目标，不断地获得成就感和自信心，逐渐点燃孩子的学习热情。对待学习任务，家长可以先引导孩子完成，再引导孩子加快速度完成，最后引导孩子高质量完成。

八、动作越快，任务越多

这一类型的孩子，是主观上的故意磨蹭。一些害怕孩子输在起跑线上的家长，除了让孩子完成老师布置的作业以外，还会给孩子布置额外的学习任务。有的孩子就会这样想："我为什么要快点儿写作业？如果我很快地写完了作业，我妈又会给我布置新的学习任务。越快点儿写作业，我的作业就越多，我根本没有玩的时间，还不如边写边玩呢！"时间一久，这类孩子便养成了拖拉磨蹭的习惯。

家长要把孩子通过提高做作业的速度而省出来的时间全部还给孩子，让孩子自由支配，让孩子做自己喜欢的事情，比如运动、玩耍、阅读等，如此，孩子才会有提高做事效率的动力。

从长远的角度来看，家长盲目地给孩子布置额外的作业，实在不是高明的做法，因为孩子还没来得及"跑"，就可能先"跌"在了起跑线上。家长可以通过时间管理来提高孩子的学习效率，用科学的策略来培养和提高孩子的学习兴趣。孩子的好成绩一定不是盲目用"时间＋汗水"堆积出来的。

九、天生慢半拍

天生慢半拍的孩子看上去总是懒洋洋的，做什么都比较慢，不管是吃饭、洗澡、穿衣，还是做作业，都比别人的动作慢半拍。有时候家长已经着急上火了，这类孩子依然是慢条斯理的。"越催越慢，再催熄火"是这种类型孩子的真实写照。有的人生来反应敏捷，做事情的速度比较迅速；有的人天生就是慢性子，说话、做事、想问题都是慢吞吞的。

我们不能说天生慢半拍的孩子就是不好的，或者就是快不了。事实上，有的孩子之所以慢，正是因为思想深刻，做事稳重。家长需要尊重和理解此类孩子的慢节奏，对他们保持适当的期待，别总是催促他们，否则他们就会更加拖拉。家长可以早一点提醒此类孩子，凡事提前做准备，别卡着时间点。这很考验家长的耐心。急性子的家长碰上天生慢半拍的孩子，就会感觉特别煎熬。如果家长希望孩子跟随自己的脚步前进，就得先跟随孩子的脚步。

十、无声的反抗

　　有时候，磨蹭是孩子反抗家长的秘密武器。家长的训斥、唠叨等让孩子感受到了家长的不满、急躁，激起了孩子的逆反情绪。年幼弱小的孩子不敢明着反抗家长，便通过故意拖延的方式无声地反抗家长。"你越是让我快，我就越慢！"看到家长生气的样子，这类孩子可能会有一丝痛快的感觉。如果孩子并不是一直都很磨蹭，而是分情况，家长就需要注意自己的教育方式。如果家长任由孩子做这种无声的反抗，迟早有一天会爆发一场无硝烟的亲子战争。

　　有的家长已经长大太久了，忘了自己曾经也是一个需要接纳和包容的"慢小孩"。家长要学会给孩子更多的耐心，适应孩子的节奏，及时地肯定和鼓励孩子。

　　了解了孩子做作业磨蹭的原因以后，家长就可以更好地反思自己的教育行为，改变教育方式，为孩子营造良好的家庭环境。

常见问题 10：
作业并不多，可孩子非要磨蹭到很晚才做完，
家长该怎么办

　　如果孩子没有时间观念，没有明确的完成作业的截止时间，他就会选择拖延。家长要和孩子约定一个明确的完成作业的截止时间。时间到了，无论孩子有没有做完作业，都得停下来，按时洗澡睡觉，优先保证睡眠。当然，完成作业的截止时间要根据孩子当天的作业量和其他事项安排来调整。

　　大多数家长会要求孩子不管多晚都必须完成作业，哪怕牺牲孩子的睡眠时间。可是，家长越是负责任地要求孩子负责任，就越是无奈地发现：自己养了一个既不负责任，也不求上进的孩子。

　　如果孩子头天晚上睡眠不足，势必会影响第二天的听课效率，不能在课堂上掌握所有的知识点，写作业就慢，磨蹭到很晚才睡，周而复始，陷入恶性循环的怪圈中。小学低年级的课程简单，孩子即使在课堂上三心二意，也能取得好成绩。如果家长不注意纠正孩子的坏习惯，孩子就会越学越吃力。一个长期缺乏睡眠的孩子，就是想为自己的学习负责任，也是有心无力，他会不受控制地上课走神发呆。在家长的看管下，有的孩子不认为学习是自己的事情，对于学习能拖就拖，能躲就躲。如果家教方法不对，家长即使做得再认真，也离目标越来越远。

　　家长和孩子一起约定完成作业的截止时间，有三个重要的目的：一是

保护孩子的身心健康，让孩子摆脱恶性循环；二是让孩子自己承担学习的责任；三是让孩子有一个明确的时间目标，促使孩子积极行动。

有的家长可能会想：如果过了完成作业的截止时间，孩子就不用再写作业了，那孩子岂不是很开心？孩子正好不想写。但是事实恰恰相反。当家长放开孩子的手，不再过度关注孩子的学习，而是更加关注孩子的身心健康时，只有个别孩子完不成作业。到了约定的完成作业的截止时间，孩子通常会有以下三类反应：护着笔和作业本不肯撒手，强烈要求继续做作业；恳求家长宽限一些时间，保证后面加快速度完成作业；主动要求定好闹钟，第二天早起继续做作业。当家长不再要求孩子必须完成作业时，孩子反而会把作业当回事。只是一些家长高估了自己的作用，低估了孩子的责任心。一些被家长催着写作业的孩子，没有机会思考写作业的目的，而是把注意力都集中在如何逃避写作业上。

家长要平和、冷静地把写作业的责任还给孩子。如果家长在这个过程中朝着孩子发脾气，就意味着责任交接失败。家长要多坚持几次，让孩子主动想办法提高写作业的速度。

家长可以给孩子一周的缓冲期，在这一周的时间内只记录孩子实际完成作业所需要的时间，然后如实地反馈给孩子。有的家长会担心：万一孩子真的没有完成作业，第二天挨老师批评了，怎么办？孩子跟不上学习进度，怎么办？大部分孩子挨批评以后会反思和改正自己的行为。当然，家长需要和老师提前沟通好，避免老师误会家长不负责任。

孩子们的成长速度有快有慢，存在着个体的差异。每个孩子都有自己成长的节奏。有的孩子开窍晚，有的孩子开窍早，这就决定了不同的孩子对相同事物的接受程度不同。家长的信任、肯定和爱，有助于唤醒孩子的内驱力，让孩子积极地应对学习的挑战。

跟孩子约定了完成作业的时间，孩子总是做不到。面对这一情况，家长可以从以下三个方面来考虑：

一、约定的时间是否合理

家长要根据孩子的实际能力以及课外班的情况，和孩子约定完成作业的时间。比如孩子之前每天晚上完成作业所需要的时间大约是 3 个小时，那么家长就可以让孩子提前 10 ～ 30 分钟完成作业，孩子基本能够完成这个任务。但是，如果家长让孩子提前 1.5 ～ 2 个小时完成作业，这就不合理了，孩子很难完成这个任务，只好继续磨蹭，或者索性放弃。家长要循序渐进地帮助孩子缩短完成作业所需要的时间。

二、孩子是否有学习困难

举个例子：宇文正在读七年级，每天都要磨蹭到晚上十一二点，甚至凌晨一两点才写完作业。妈妈总说宇文懒，不求上进，不想写作业。后来，妈妈强制要求宇文在晚上十一点之前完成作业，宇文始终做不到，两个人因此爆发了激烈的冲突。我们和宇文交谈之后了解到，宇文想努力提高做作业的速度，可是因为基础薄弱，跟不上学习进度，有好多题目不会做，他需要帮助。青春期孩子的强烈自尊心，碰上家长强硬的沟通方式，很难不爆发亲子冲突。

在得到家长和老师的帮助之后，宇文终于可以在晚上十一点之前完成作业了，学习的兴致也越来越高。

三、是否依然唠叨、催促孩子

有的家长表面上对孩子放手了，实际上放心不下，生怕自己一松手，孩子就一发不可收拾。虽然约好了完成作业的截止时间，但是有的家长仍然忍不住唠叨、催促孩子，甚至朝着孩子大发脾气。

家长的唠叨、催促容易激起孩子的逆反情绪，也会让孩子认为："爸妈比我还着急，不管有什么事，他们都会替我操心的，我就不用自己着急了。"如果家长比孩子还急，孩子就很可能不再着急了。

看到孩子顺利地完成作业，家长要及时地肯定孩子的付出。如果孩子没有按时完成作业，家长就请孩子放下作业，让孩子按时睡觉。家长要用平和、淡定的态度唤醒孩子的内驱力。

　　孩子在学校学习了一天，回到家后想先放松一下再写作业，这是合情合理的要求，家长要支持孩子。可是如果孩子一玩起来就很难停下来，家长就要帮助孩子提高自制力。家长可以平静地问孩子："你准备玩多长时间呀？你什么时候去写作业呢？"孩子可能会说玩半个小时。这个时候，家长要提醒孩子定时（使用番茄钟或者定时器）。等到了约定的时间，孩子通常会去写作业。如果到了约定的时间，孩子仍然没有去写作业，家长就要提醒孩子一下，不用反复催促、唠叨孩子，由孩子自己来决定要不要立即去写作业。

　　如果到了约定的完成作业的截止时间，孩子还是没有完成作业，那么家长给孩子两个选择：停止写作业，马上睡觉，第二天早起再写作业；继续写作业，但是从明晚开始，要先写完作业再去玩。如果孩子选择第二个，家长就将"先写完作业再去玩"写在"家庭成长录"上。大多数孩子会信守自己的承诺。

　　家长需要做好孩子不肯遵守约定的心理准备。毕竟年龄较小的孩子，生理和心理都尚未发育成熟，自控力不足，玩的吸引力又那么大，不肯遵守约定是一种正常的现象。家长可以对孩子说："昨天我们约好先写完作业再玩的,现在你先玩起来了,今天晚上八点半以后你就不能再写作业了。"态度要平和,语气要坚定,家长要说到做到,一定不能发火,否则就前功尽弃了。

家长少说多做,让孩子体验行为后果,把学习的责任还给孩子,训练并提高孩子的自控力。

常见问题 13：
孩子总想着玩，家长该怎么办

孩子总想着玩，说明他是一个正常的孩子。"学"和"玩"都是孩子日常生活的主旋律。如果将"学"和"玩"分得太开，甚至将两者对立起来，那么大部分的孩子会本能地逃避学习。家长顺应孩子的天性，才能保护孩子学习的主动性。

"玩"有助于孩子恢复精力。家长不仅要支持孩子玩，还要主动创造机会让孩子玩。孩子在学校待了一整天，在这一天里他要遵守学校的各项规定，完成各项学习任务和指令，处理各种人际关系，等等。等到放学回家以后，孩子的大脑是非常疲惫的，需要休息、放松一段时间。让孩子自由玩耍是放松孩子大脑的好方法。

如果家长剥夺孩子玩耍的时间，甚至剥夺孩子休息的时间，以此来换取学习成绩的暂时领先，就会磨灭孩子的学习兴趣。一旦脱离家长的管控，有的孩子就会走下坡路。张弛有度的家教方法，才是长远的、可持续的。

在这里，我们给家长以下三点建议：

（1）每天给孩子一定的自由活动时间。在保证孩子安全和不违背约定的前提下，让孩子自由支配玩耍的时间，家长不干涉、不打扰孩子。

（2）最好每个周末空出一整天的时间作为"纯玩日"，家长带孩子到户外玩耍或者运动，放松神经，释放情绪，让精力再生，让孩子用饱满的精神迎接新的一周，保持专注、高效的状态。

（3）让孩子自由支配自己节约出来的时间，会让孩子更有动力去提高做作业的速度。

一些经常有机会自由玩耍或者参加体育运动的孩子，可以更好地放松身心，能够专注、高效地学习。家长要主动地给孩子一些自由玩耍的时间。

突发临时状况，家长该如何与孩子约定规则

突发临时状况，家长该如何与孩子约定规则呢？可参考以下五个方面：

一、让孩子在一定范围内做选择

如果家长不给孩子设定范围，任由孩子做选择，那就是在鼓励孩子争夺家长权，家长就会因此很辛苦。比如到了孩子睡觉的时间，有的家长会对孩子说："孩子，到时间了，你是不是该去睡觉了？"那么家长只会得到孩子"好的"或者"不要"的回话，得到"不要"的回话概率或许更大。家长应该对孩子说："孩子，你该去睡觉了。在睡前，你是看《了不起的狐狸爸爸》还是看《长腿叔叔》？""你是 5 分钟以后还是 10 分钟以后睡觉呢？"

二、向孩子明确具体的要求

想让孩子更听话，家长需要注意以下 3 点：

1. 提醒孩子

家长走到孩子的面前，温和地叫孩子的名字，提醒孩子看着自己，要和孩子有眼神的交流。如果孩子没有理家长，家长就平和、坚定地对孩子说："请看着我。"如果家长一边忙其他的事情，一边让孩子做某件事情，

就会让孩子觉得这件事情没有那么重要。

2. 告诉孩子应该怎么做

"请你关掉游戏，时间已经到了。"此时家长的语气要坚定，情绪要平和，不要和孩子争执不休，只须简明扼要地表达理由即可。如果孩子继续纠缠，那么家长只须平静地对孩子说："我刚才已经告诉过你了。"家长不必过多地理会孩子的吵闹。

3. 站在孩子旁边等待

家长把自己的要求告诉孩子之后，就不要再啰唆了，只须站在旁边看着孩子。如果孩子仍然没有行动，或者一直说"不要"，那么家长什么都不用说。如果孩子发现家长并不打算离开，就会感到无形的压力。当家长闭紧嘴巴在孩子身边盯着时，大部分孩子即使不情愿，也会配合家长。

如果孩子配合家长了，家长一定要真诚地对孩子说："谢谢你的配合。真好，我只说了一遍，你就开始行动了。"家长千万别对孩子说："你早这样做多好！希望你下次也能这样做。"

三、告知孩子可能的后果

如果孩子仍然没有行动，家长就要平静地告知孩子可能的后果，让孩子自己做决定。但是要注意，家长的目的是督促孩子约束自己的行为，而非教训孩子。比如家长可以对孩子这样说："如果你现在没有停下来，那么按照约定我要双倍扣除你后续玩游戏的时间。"如果孩子马上配合家长，家长就及时地肯定孩子。如果孩子仍然无动于衷，家长就再次告知孩子可能的后果。如果孩子还是没有行动，家长就直接兑现后果，不要迟疑，态度要坚决、果断。如果家长不能立即兑现后果，就一定要在恰当的时间兑现后果，不能不了了之。

四、独自冷静

如果孩子只是嘴上说"凭什么！""又强迫我！""就会威胁我！"之类的话，依然配合家长的工作，那么家长最好不要理会孩子，不必过多地干预孩子。如果孩子乱发脾气，越闹越凶，尖叫、哭喊、扔东西等，家长就可以让孩子独自冷静。家长先将孩子带离现场，减少环境的刺激，让孩子冷静下来。

家长需要注意以下两点：

1. 选择合适的地点

家长可以带孩子远离日常活动的场所，或者专门为孩子设置一处冷静角。家长一定不能把孩子关在门外，否则孩子会觉得自己被家长抛弃了。如果孩子身处公共场所，家长最好将失控的孩子带到无人的角落。为了减少刺激，家长要在确保孩子安全的前提下离开孩子一段距离，否则亲子对抗的时间会延长。如果家长必须陪在孩子身边，就请家长记住，不要和孩子说话。

2. 给孩子充裕的时间

第一次让孩子独自冷静，家长需要做好心理准备。有研究显示，首次让孩子独自冷静需要较长的时间。因为刚开始，孩子的反应会非常激烈，他会使出浑身解数，看看家长会不会坚持到底，此时家长千万不能半途而废。在孩子习惯了独自冷静之后，从情绪反应激烈到恢复平静所需要的时间会缩短。

五、家长的语气要温和

家长要语气温和地问孩子："你知道我为什么让你待在这儿吗？"有的孩子会说："我刚才不应该发脾气，我错了。"但有的孩子会说："我不知道。""你们就会强迫我。"家长不必理会孩子说的话，也不要和孩子争吵，保持冷静，不可以大声吼叫或者训斥孩子。家长的训斥、吼叫只会打扰孩子思考。家长可以平静地告诉孩子："如果你再这样闹，就回房间里去冷静。"

家长教育孩子的目的不是磨灭孩子的意志，把孩子培养成毫无个性、一味顺从的人，而是让孩子学会承担责任，学会思考与权衡，并做出正确的选择。家庭教育的关键在于，无论走到哪一步，如果孩子积极配合，家长就要及时地肯定和鼓励孩子；如果孩子不肯配合，家长不能暴跳如雷。家长切实地改变自己的教育方式，并持之以恒地坚持，相信过不了多久，孩子就会明智地选择约束自己的行为。

常见问题 15:
夫妻双方的教育观念不一致，怎么办

在一个家庭里，夫妻双方有不同的教育观念，这是很正常的现象。因为夫妻双方在不同的家庭里长大，受各自不同的成长环境、经历和价值观的影响，自然就会有不同的教育观念。再加上教育的效果具有滞后性，我们今天对孩子施加的影响，可能若干年后才会显现效果，这就导致夫妻双方谁都无法说服谁。

如果夫妻双方能够放下各自的想法，一起来学习和吸收新的家教理念，孩子就会成长得更健康，也会进步得更显著。可是有一些夫妻，无法互相配合，甚至都认为对方在瞎胡闹，先开悟的一方往往会频繁地劝说另一方，不断地给另一方推送自己认可的教育类文章，希望以此来敲醒另一方。可是这样做的效果甚微，因为这样做就等于反复地向另一方强调："你是错的，我是对的；你做得不好，我做得才好。"没有人会因为被否定而改变，更不会因为被否定而成为你的同盟。面对这样的情况，我们的建议是先维系好夫妻之间的感情，好关系有助于深度沟通。俗话说，天底下最厉害的风是枕头风，但前提是对方得打开窗户，风才能刮得进去。如果对方每天一推开窗户，听到的就是"你不对""你不好""你不懂"之类的话，日久天长，对方就懒得开窗子了，再正确的观念、再好的方法也不起作用。本来教育的初衷是为了孩子好，结果孩子每天都呼吸着紧张的空气。

　　我们建议你先不要急着改变，你可以先和你的配偶一起约定两个原则：使用各自的方法，不干涉对方；出现分歧，背后讨论，不能当着孩子的面争吵。对于以上两个原则，夫妻双方通常比较容易达成一致。

　　如果你正在阅读我们的书，那么你一定是一位热爱学习的家长。爱学习的人，通常都有很强的力量，也更有灵活性和能动性。面对已经出现的问题，强大的一方往往先做出改变。你现在要做的就是相信自己，坚持学习，坚持用科学的理念教育孩子，同时不要指责你的配偶，不急于追求意见一致。你懂得越多，越接近育儿专家的理念，就越有可能影响和带动你的配偶。

　　你可以提醒你的配偶留意孩子的反应，但不要让他难堪，要给他留台阶。孩子自然地会靠近那个让自己感觉温暖和安全的人，本能地亲近那个让自己感到舒适和放松的人，下意识地远离那个时常让自己感到压力的人。别刻意争夺孩子的好感，让孩子自己选择。只要有一个家长坚持正确的教育理念，给孩子优质的爱，做孩子坚强的后盾，给孩子一个遮风避雨的港湾，那么孩子基本上就不会有什么大问题。

　　在养育孩子时，夫妻能够同心协力、共同进步是最好的。可是如果你们夫妻俩不能同心协力，你也别纠结、焦虑。将你的精力集中在学习和成长上，努力提升自己的家庭教育水平，尽力地帮助孩子茁壮成长。也许有一天你会突然发现，你的另一半儿不知道什么时候已经悄悄地跟在你身后了。

05
第五部分

成功案例分享

一、感谢

我们衷心地感谢参与这次课程的教师、家长和孩子们。在学校里系统地开设儿童时间管理课系全国首次。我们没有任何成熟的资料和成功的经验可以借鉴，一直在反复摸索与总结。感谢大家给予我们极大的信任、支持和鼓励，我们同心协力、密切配合，圆满完成了这趟旅程。孩子们的成长和变化，使我们受到了鼓舞。

二、初衷

小学阶段是孩子人生中非常重要的储备阶段，他要储藏受用一生的竞争实力，既包括身体、学科基础知识等硬实力，又包括品格、习惯、思维等软实力，"软硬兼备"才能赢得未来，成为一个幸福、积极的终身学习者。

家长的愿望往往是好的，可是在行动的时候，有相当多的家长家教方法不当，导致孩子被动学习、逃避学习，甚至深陷在"战火"里，对孩子的身心健康、大脑发育以及知识系统的构建等方面造成了深刻的、长久的不良影响，为后面阶段的学习设置了许多的障碍，很可能让孩子留下遗憾。

孩子的好成绩，应该来自一个立体的系统，包括好身体、好品格、好习惯、好思维等重要组成部分。这个立体系统就像一座充满科幻感的大厦，地基牢固，功能齐全，运作良好，能无限拓展，能不断变强、变高大。我们不能牺牲孩子的其他部分来单纯追求好成绩，否则孩子的好成绩就像一面单薄的墙壁，很容易风化、断裂。

我们希望家长通过学习，为孩子营造温暖、舒适的家庭成长环境，教给孩子科学、高效的学习方法，并给孩子更多锻炼的机会，让孩子的潜能得到充分的发挥，帮助孩子养成好习惯、好品格，让孩子成为一个自信积极、专注高效、自主自律，有目标感和责任感，不断地自我反省、自我完善的人。我们希望孩子们既能获得当下的幸福，又能积攒迎接未来挑战的真正竞争力，不断地成为更好的自己。

三、准备

我们期待时间管理课能够得到孩子们的喜爱，只有他们喜欢了，时间管理才能成为他们终身相伴的好朋友。我们也尽可能地简化家长们的操作流程，毕竟简单的东西才是长久的。在培养孩子好习惯的过程中，家长需要扶孩子上马，陪孩子走上一程。

从 2018 年 5 月提出课程设想，到当年 11 月走进校园，我们花了半年多的时间来做前期的准备。针对课程的内容、设计、评价系统，以及实施的时间、流程、节奏等方面，我们反复地斟酌、修改和完善。

我们九位教学经验丰富的班主任，又根据木班的实际情况，结合孩子们的年龄和心理特点，对课程进行了细致的研讨、打磨和修改。孩子们常常期盼地问："老师，我们下周什么时间上时间管理课呀？下周要教给我们什么时间法宝呢？"课程能够得到孩子们的认可和喜欢，我们就踏实了一半。

另一半的踏实来自家长。好方法就如好种子需要好环境，才能结出好果子。家长认真地学习教练必修课，认真地完成课后的练习，并在家庭教育中践行起来，良好的家庭教育系统和孩子的"好成绩大厦"就悄悄地开始运作了。

在小学里系统地开设儿童时间管理课，有许多的优势：

（1）**孩子们做好了内部准备**。根据皮亚杰的认知发展理论，7岁以上的儿童已经进入具体运算阶段，他们的理解能力和逻辑思维能力都较从前上了一个新台阶，为学习时间管理的各项工具做好了内部准备。

（2）**外部环境适宜**。小学阶段的课业负担相对较轻，学习的内容相对简单，有利于孩子们循序渐进地学习和运用时间管理的各项技能，也有利于孩子们逐步练习打理学习和生活中的各项事务。

（3）**孩子与家长、老师的关系密切**。这一点很重要，因为时间管理训练需要孩子的积极配合，而密切的关系使得小学阶段的孩子更容易接受家长和老师的指导。

（4）**家校同盟已经建立**。孩子学习时间管理的理想状态是家校理念一致、齐心协力。一项重要技能的习得，需要孩子持续练习。家长与老师的目标一致，相互理解和支持，有助于孩子更好地掌握时间管理这项技能。

（5）**培养好习惯比纠正坏习惯更容易**。孩子们入学之后，肯定会养成一些习惯，那就不如一开始就养成好习惯。培养好习惯比纠正坏习惯更容易。

四、实施

在八周的时间内，家长们学习教练必修课，孩子们学习使用八件时间法宝。

家长们认真地学习，不断地觉察、思考和改变，用心写下心得体会。

家长A说：孩子上学以后，我对孩子说的较多的话就是"快点儿"。有一次孩子跟我说："妈妈，我不喜欢你老催我！"我说："如果我说一遍你就听的话，我干吗要说那么多遍？"听了时间管理课以后，我感触挺深，我发现我做错了。过度的唠叨会影响孩子，让孩子觉得烦，不利于亲子关系的培养。

家长 B 说：我进行了深刻的反思，没耐心，脾气不好，和孩子说话的语速快，容易朝孩子发火。今天早上，我就换了一种方式喊孩子起床，没想到效果很好。孩子竟然主动地穿衣服，一点儿都没磨蹭。我和孩子的心情都很愉悦。

家长 C 说：在教育孩子方面，我有很多的不足。我对自己教育孩子的方式进行了反思。我对孩子的要求过于严格，给孩子放松的时间比较少，总是不断地催促孩子，也没有做好孩子的榜样。孩子是因为怕我才会按我的要求去做，实际上孩子并没有真正地认同我。

孩子们也在脚踏实地地学习使用八件时间法宝。

第一个学期，孩子们每周学习使用一件时间法宝：

第一件时间法宝：时间日志

利用时间日志，帮助孩子感知时间，让孩子观察自己行动快慢的变化。

第二件时间法宝：时间图

利用时间图，帮助孩子明确一天的时间安排，让孩子将时间与自己的行动联系起来。

第三件时间法宝：行动清单

利用行动清单，帮助孩子明确做每件事情的目标、时间和步骤，让孩子做事情更有条理。

第四件时间法宝：番茄钟

番茄钟能够训练孩子的专注力，提高孩子做作业的速度。

在学校开课的时候，老师们发挥自己的创意，将"作业计划表"与"家校联系本"结合在一起使用。

第五件时间法宝：先做重要的事情

教孩子分清事情的轻重缓急，让孩子将有限的时间花在重要的事情上。

第六件时间法宝：科学整理

让孩子学会科学整理，让孩子专注、高效、有条理。

第七件时间法宝：微习惯

利用微习惯，帮助孩子提高作业的完成质量。

第八件时间法宝：制订学习计划

每到放假前，网络上就开始营造"神兽归笼，各回各家，各气各妈"的氛围。其实，在寒暑假里，孩子能够自由支配的时间变多了，有了更大的自主发挥空间。如果家教方法得当，假期应该是孩子训练自控力、提升独立能力的好机会。我们为此制作了一个小视频，教家长如何与孩子一起制订科学有效、丰富有趣的假期计划。孩子们也根据自己假期的时间安排制作了新的时间图。

第二个学期开始，我们不再安排学生统一练习所有的时间法宝。经过一个学期的练习，再加上一个寒假的巩固，孩子们的进度和能力有了差异。对于有的时间法宝，如果孩子已经运用得相当熟练，成了自然而然的习惯，就没必要再继续练习了，可以将精力用在巩固其他时间法宝上。

五、收获

在将近一年的时间里，我们齐心协力，紧密配合，取得了不错的课程效果。

先看看孩子们是怎么说的：

学生 A：上了时间管理课后，我才知道该怎么收拾整理，我的桌面变得越来越整洁了。

学生 B：上了时间管理课后，我知道珍惜时间了，做作业花费的时间更少了。

学生 C：学习了时间管理课后，我的学习效率提高了，留给自己的时间更多了，我可以做更多自己喜欢的事，真开心！

再看看家长们的留言：

家长 A：对于一个刚刚当上小学生家长的我来说，这个课程无疑给了我一个正确监管孩子的方向。孩子的成长离不开老师和家长的共同协作。有时家长只能看着自己的孩子干着急。学习了这个课程以后，我对家庭教育有了新的认知，也有了新的家庭教育方法，不再暴力管教孩子，而是尝试采用更有效的沟通、引导方式，让孩子主动地去改正自己的不足，快乐地成长。

家长 B：感谢郑校长给孩子们开设了时间管理课，让孩子们学会管理自己的时间，有助于孩子们的学习。在没有接触时间管理课以前，孩子几乎没有时间观念，极度依赖我，不知道每天应该干什么。作为家长的我也不知道该如何引导孩子。自从学校开设了时间管理课以后，孩子从被动接受到积极配合，改掉了拖拉磨蹭的坏习惯，真的进步很大。我也轻松了许多。

家长 C：时间管理课给我指明了育儿的方向。我收获的不仅是如何管理时间，更是如何管理人生。如果家长有情绪，就应该等情绪恢复平静之后再去面对孩子。如果孩子有情绪，家长就应该先引导孩子释放情绪。家长应该多鼓励孩子，少表扬孩子，多描述事情的过程，少评价事情的结果。愿我们的孩子能够汲取强大的力量，成长为自信、专注、独立、阳光的少年。

我们很欣慰地看到，每个班的孩子们都在持续不断地进步。即使身处寒假的"重灾区"，孩子们也没有"遭灾"的迹象。我们相信，只要家长陪孩子一起朝着正确的方向前进，孩子一定能不断地进步，渐渐地成为学习和生活的主人。

之前有的家长总是担心自己放开手之后孩子不能安排好自己的学习和生活，孩子用实际行动证明了家长的担心是多余的。

我们希望教会孩子高效做事，让孩子幸福、快乐地成长。

如果孩子总被家长和老师牵着走，家长和老师的局限就是孩子的局限。如果孩子自由自在地奔跑，那么他的未来就有无数的可能，他会到达家长从未去过的地方，欣赏家长从未见过的风景。

第二节
拖拉磨蹭的竣峰变得主动学习了

竣峰，10岁，男孩，上小学四年级。

竣峰妈妈：竣峰主要是由我带大的，因为竣峰的爸爸常年在外地工作，很少回家。面对竣峰，我经常觉得很沮丧，无计可施，无可奈何。竣峰现在越来越大了，没有养成良好的生活习惯和学习习惯，缺乏学习的主动性。我因此非常着急。我是一个完美主义者，对自己的要求很高，可是我偏偏养了这么一个儿子。小时候的竣峰还是挺好的，现在的竣峰脾气越来越大，动不动就朝我吼，这让我觉得自己很失败。

竣峰做作业总是磨磨蹭蹭的，而且不按要求做，每天晚上都要十一二点才睡。竣峰每天早上起床困难，我得喊他多次。竣峰在上课时管不住自己，开小差，做小动作。竣峰经常忘记东西放在哪里了，从来不肯将衣服摆放整齐，不知道丢了多少件外套……有一次，竣峰参加夏令营，竣峰的同学投诉竣峰一个星期不换衣服、不刷牙、不按时睡觉。离开了我的监督，竣峰什么都不想做。

不过，竣峰还是很聪明的，学习成绩不算差，尚属上等。竣峰太让人操心了，我不知道他要到什么时候才能懂事。

一、原因分析

听完竣峰妈妈的讲述，我们的感觉就是一个字"累"，母子俩都好累。竣峰妈妈的累在于事事都要操心，一刻都不敢松懈。而竣峰的累在于被妈妈包裹得密不透风，没有自己的空间，没有自主权，他感到压抑、窒息。

竣峰妈妈是一个完美主义者，无论是对自己还是对竣峰，都是高标准、严要求，她想要掌控竣峰。可是很遗憾，养育孩子不是搞工业生产，我们不能无视孩子的基本心理需求，仅凭自己的意愿严格搞"品控"，否则只能眼看着孩子一天天地"枯萎"。

在妈妈严密的监控下，竣峰没有学习和锻炼自己各项能力的机会，他不仅缺乏基本的自理能力、自控力，还因为被控制而感到压抑、愤怒。面对强势的妈妈，年龄尚小的竣峰无力反抗，只能用拖拉磨蹭的方式来抗议。人是一定要做自己的。竣峰渐渐地长大，身体的力量越来越强，他再也控制不住自己压抑已久的愤怒，与妈妈爆发了正面冲突。

竣峰妈妈专制、粗暴的教育方式严重破坏了竣峰的安全感，损害了竣峰的专注力。竣峰在课堂上经常发呆、做小动作。在处处追求完美的妈妈眼里，竣峰身上有一大堆缺点。竣峰离妈妈的高标准相差甚远，很难得到妈妈的欣赏和鼓励，只能反复地被妈妈批评和打击。竣峰找不到自己存在的价值或意义，做事情消极、被动，一副什么都无所谓的样子。

竣峰的好成绩可能是暂时的。小学阶段的孩子可以凭借自己的聪明取得好成绩，可是如果没有好品格、好习惯的共同支撑，就不太可能在后面阶段的学习中取得好成绩。

竣峰妈妈需要改变教育方式，学会放手，给竣峰自由呼吸的空间。如果竣峰妈妈继续盯紧竣峰，就永远不要指望竣峰会懂事了，可能还会与竣峰爆发更加激烈的亲子冲突。

二、亲子行动

1. 调整教养方式

竣峰妈妈需要全面系统地学习教练必修课，更新教育理念，重点是改善亲子关系。

2. 开启儿童时间管理训练

在开启训练之前，我们征得竣峰妈妈的同意，先和竣峰一起来调整课外班的数量。竣峰妈妈给竣峰安排的课外班数量太多，光球类班就报了两个，还报了两个艺术类的课外班，还有棋类补习班，等等，不仅每天晚上有课，周末白天也都有课。如果孩子没有充沛的精力，即使上再多的儿童时间管理课，也不会有多好的效果。

我们在征求竣峰意见的时候，他并没有像妈妈说的那样只想着玩，而是认真地想了想，选择保留网球课、钢琴课，理由是他喜欢打网球、弹钢琴。只保留两个课外班的话，竣峰晚上的时间就不会太紧张，周末也能放松休息。竣峰妈妈有些惊讶地说："原来我的儿子也会理性思考啊！"调整完课外班的数量之后，竣峰好像松了一大口气，精神面貌也发生了很大的变化。

三、共同成长

竣峰：跟随课程进度，认真地完成每周的练习。

妈妈：每天给孩子写"加油站"，盯着孩子做得对、做得好的地方；管好自己的嘴巴，避免唠叨和催促；每晚和孩子一起填写《成长手册》；放手让孩子做一些力所能及的事情。

第一周，写时间日志，感知时间

本周的任务是竣峰记录自己每天的时间分配情况。

竣峰记录了一周的时间日志之后，发现自己写作业和起床花的时间比较多，决定下周努力缩短时间。

竣峰妈妈对我们说：竣峰周一早上起床用了 27 分钟，周二早上起床用了 20 分钟。竣峰做事太随意，经常更改计划，不按照计划来。我忍不住催了他，没有管住自己的嘴巴。

竣峰妈妈显然太着急了，恨不得训练一开始，竣峰就能立即加快速度，这很不现实。竣峰觉察得很好，已经达到了我们这一周的目标——感知时间。竣峰周一早上起床用了 27 分钟，周二早上起床用了 20 分钟，一下子就缩短了 7 分钟，这就是竣峰进步的地方。

我们提醒竣峰妈妈，在训练的过程中，一定要牢牢锁定本周的目标。如果孩子达到了目标，或者比原来有进步，妈妈就要及时地肯定和鼓励孩子。对于与本周目标无关的"小毛病"，比如孩子不遵守计划、不按要求做等，只要不关乎生命安全和健康，不违背原则和底线，先请家长暂时忽略，否则就永远看不到孩子的进步。

第二周，画时间图，学会规划一天的时间

在绘制时间图时，我们要求孩子至少给自己留出 30 分钟的自由支配时间。

这一周，竣峰开始有意识地提高起床和写作业的速度。相比上周，这周的平均起床时间大约少了 4 分钟，平均写作业时间大约少了 12 分钟。有一天晚上，竣峰没有在书包里找到需要完成的试卷，他自己去同学家借试卷复印，坚持完成了试卷，有了一定的学习主动性。这事要是发生在以前，竣峰就会让妈妈想办法，如果妈妈不给竣峰想办法，竣峰就不做试卷。

本周妈妈觉得自己唠叨的次数少多了，减少了发号施令的次数，多了一些商量和鼓励。周五晚上，得知竣峰本周没有完成课外班的作业，妈妈没有像以前一样火冒三丈，而是用温和的语气鼓励竣峰："男子汉，给自己打打气，坚持做完吧。"晚上妈妈办完事从外面回来，已经有些晚了，竣峰依然在写作业。

良好的亲子沟通能融化阻隔在家长和孩子之间的坚冰，以前是"事儿"的，改变方式之后，现在可能就不是"事儿"了。孩子的要求其实并不高，妈妈给一点春风就能化作孩子的行动力。

第三周，制作行动清单，训练条理性

竣峰制作了作业清单和准备清单，对照两份清单，他基本可以独立完成作业。除了完成学习任务以外，竣峰还会做一些家务。

妈妈正在尽力管好自己的嘴巴，用放大镜寻找孩子的亮点，但有时会忍不住多说几句。最近竣峰的英语成绩下降，妈妈有些着急，给他额外布置了一些英语作业，并且反复叮嘱他要高质量地完成作业。妈妈建议竣峰利用周六上午完成所有的作业，而竣峰坚持在周六上午只做一部分作业，在周六下午做剩余的作业。妈妈对此持反对意见，说了竣峰几句。

孩子在训练的过程中出现成绩波动，是正常的现象。这就好比道路翻修，在改造道路的过程中，路况不如以前，甚至无法通行，但是一旦翻修完成，通行效率就会大大提高。竣峰的习惯正在"翻修"当中。妈妈不要着急，保持淡定，继续坚持做正确的事情。

目前竣峰尚且不能顺利地完成老师布置的作业，而竣峰妈妈又给他布置了额外的作业，很可能会引发亲子冲突。妈妈可以平静地和孩子一起分析学习成绩下降的原因，给孩子加油。至于孩子有没有加油，加了多少油，不是我们本周关注的重点。把该做的事情做好了，孩子的学习成绩自然就会好。

关于周六作业的安排，妈妈最好尊重竣峰的意见，这是属于竣峰的事情，完全可以由他自己来决定。妈妈愿意认真听竣峰的话，竣峰也会更愿意听妈妈的话。妈妈要控制住自己想要控制竣峰的欲望。

第四周，使用番茄钟，训练专注力

从本周开始，我们开始训练竣峰的专注力。竣峰已经有了很大的进步，做小动作的次数明显减少了。在亲子关系方面，维持了三周的平静气氛，终于在临上课前被妈妈打破了，起因竟然是番茄钟。

昨天晚上，妈妈把番茄钟找出来交给竣峰，嘱咐他放在书包里，因为今天上课要用。早上起来后妈妈又叮嘱了竣峰一遍。可是快要出门的时候，竣峰却突然发现番茄钟不见了。妈妈火冒三丈，一边唠叨，一边帮忙找，却怎么都找不到。碰巧竣峰又没换好衣服，就等于火上浇油，妈妈因此大发雷霆，将竣峰狠狠地训斥了一顿，从个人责任到集体荣誉，言辞犀利。竣峰很烦躁，虽然没有顶撞妈妈，但显然十分愤怒。发泄完自己的情绪之后，妈妈又立即感到后悔，担心前面的努力白费了。

竣峰的内在力量正在恢复当中，现在还非常脆弱，需要家长的悉心呵护。妈妈的一时痛快很可能会让竣峰停止前进，甚至退步。我们在课前邀请竣峰母子俩积极沟通，及时地修复亲子关系，总算平息了这场风波。在接下来的课程中，竣峰专注、积极，并在本周的训练中取得了不小的进步。

在番茄钟事件中，妈妈越界了。妈妈已经将番茄钟交给竣峰保管了，那就是他自己的事情。当竣峰找不到番茄钟时，妈妈可以询问竣峰是否需要帮助，而不是直接插手，更不能训斥竣峰，将问题不断地扩大。妈妈看似在教育孩子，实际上破坏了亲子关系。如果竣峰拒绝妈妈的帮助，或者妈妈帮忙找了仍然没有找到，只需要对竣峰表示遗憾，然后让竣峰自己体验自然后果——被老师批评。

第五周，学会选择，先做重要的事情

竣峰本周基本能够独自安排放学后的学习生活，将作息时间遵守得还不错，基本能在晚上 9∶30 之前完成作业，确保在晚上 10∶30 之前睡觉，偶尔会超时。竣峰每天按部就班地完成各项任务，先做该做的，再做想做的。竣峰还有一个进步很大的地方，就是字迹变工整了。

在让竣峰遵守规则方面，妈妈感到头疼。学校要求学生穿校服，其他同学都穿了校服，唯独竣峰没有穿校服。这样的情况已经出现了很多次，竣峰总说穿校服不舒服。

妈妈认为本周自己进步的地方是发火的次数减少，发火的强度降低，催促、唠叨的次数也少了许多，学会了降低期待，接纳竣峰的小毛病，盯着竣峰的优点和进步之处。

竣峰在妈妈的鼓励下，开始对自己的生活和学习有了要求，字迹也变得工整了。

对于竣峰不肯穿校服这件事，妈妈不要强迫竣峰穿校服，先与竣峰积极沟通，再去理解和体谅他的感受——穿上校服以后不舒服，然后再一起想解决问题的办法。孩子在被理解和接纳之后，会主动克服一些困难。如果竣峰仍然不肯穿校服，别强迫竣峰，让竣峰自己去体验自然后果。竣峰之前也体验过自然后果，可是为什么没有效果呢？因为妈妈之前的沟通方式对竣峰造成了干扰，让竣峰不肯反思自己的言行。竣峰的自尊心正在慢慢地复苏，我们要给竣峰一些时间。

受多方面因素的影响，竣峰之前的行为确实有些随意，缺乏规则意识。妈妈不能再以暴制暴。等亲子关系回暖一些之后，妈妈可以和竣峰一起商量制订家庭公约，帮助竣峰明确行为边界，树立规则意识。

第六周，学习科学整理，让孩子专注、高效、有条理

收拾整理是竣峰的薄弱项目。这堂整理课一结束，竣峰就立即买来文件袋、风琴夹和收纳盒等，按照刚学过的内容，将自己的书包、书桌和衣柜全都整理了一番。

本周，竣峰不仅能够专心听课，完成任务的速度也提高了。

本周妈妈进一步放手。周日下午妈妈出门办事，让竣峰独自待在家里。晚上，竣峰炒了一个蛋炒饭和一个青菜，把自己照顾得挺好。

训练进展得越来越顺利。因为有良好的亲子关系，母子俩配合得越来越默契。竣峰的专注力、自理能力和学习的主动性都提高了。妈妈终于彻底相信：以前的自己管得太宽了，没有给竣峰锻炼自我和展现自我的机会。不是孩子不行，而是家长不相信孩子行，孩子其实比家长想的能干很多。

第七周，确定微习惯，提高作业的完成质量

竣峰本周给自己确定了三个微习惯：

（1）数学，每天练习20道口算题，将错题数量控制在3道以内。

（2）语文，每天听写15个词语，将错误数控制在3个词以内。

（3）英语，每天背5个单词。

竣峰很轻松地完成了以上三个目标。

妈妈觉得自己取得了很大的进步：本周没有发火，只有一次情绪激动的时候，但很快意识到并及时控制住了；能够真正理解并尊重孩子的决定。

妈妈觉得竣峰取得了更大的进步：会自己做饭，自己在家写作业，独立性很强；有遵守计划的意识；能够按时完成作业，偶尔超时；越来越爱阅读；有事好商量，好沟通。

看到妈妈的反馈，我们很欣慰，因为妈妈能够看到竣峰的优点和进步了。妈妈对竣峰的肯定已经不再是为了完成某项任务，而是发自内心地欣

赏和悦纳竣峰，亲子关系更加融洽。竣峰和妈妈本周一起来到课堂，两个人有说有笑的，互动和谐。妈妈和竣峰一起讨论制订了家庭公约，打算下周开始试行。

第八周，制订学习计划，稳步提升学习成绩

竣峰希望自己能在期末考个好成绩，他给自己定的目标是语文、数学、英语都考 A。离考试还有一个多月，竣峰已经安排好了复习时间，为自己制订了详细的期末复习计划。

妈妈在本周发了一次脾气，因为竣峰违反了家庭公约。周四晚上，妈妈带竣峰参加朋友聚会，竣峰和其他小朋友在餐厅里打闹，妈妈上前制止竣峰，竣峰没有停下来。妈妈就把竣峰带到角落里谈话，竣峰不肯认错，还顶撞了妈妈。妈妈很生气，忍不住大声地训斥竣峰，两个人因此发生了激烈的争吵，妈妈还说竣峰"没救了"，并发狠誓说再也不管竣峰了。

尽管我们一再向家长强调孩子的坏行为可能会出现反复，可是当孩子重新出现坏行为时，大部分的家长仍然难以接受。那种强烈的挫败感放大了事件本身的后果，让家长觉得孩子"没救了"。

可能是因为妈妈的语气不太好，也可能是因为某个状况让孩子感到委屈了，还可能是因为孩子的心情不好，所以孩子不愿意配合家长。妈妈完全没必要和孩子争辩，更没必要和孩子争吵，把问题不断放大，甚至放出狠话，实在是有些孩子气。

妈妈把孩子带到没人的地方谈话，这一点做得很好。但是，如果孩子不肯停下来，妈妈只需要平静地宣布合理后果，然后将选择权交给孩子。如果孩子继续疯闹，妈妈就果断地带孩子回家。

当然，如果妈妈真的决定以后不再管孩子了，也不见得是坏事。竣峰已经学完了时间管理课，具备了一定的自我管理能力，如果有机会练习，

可能会进步得更快。我们建议妈妈认真考虑两天，如果两天之后，妈妈还是决定以后不再管竣峰了，那就去跟竣峰谈一谈。

两天以后，妈妈仍然坚持不再管竣峰了。我们对妈妈说："如果你真的不再管孩子了，就意味着你不能再插手孩子的事情，不能忍不住又去干涉孩子。但是你仍然要给孩子关爱，确保孩子的安全和健康，与孩子积极沟通，时常鼓励孩子。如果这次的'不管'不能让孩子朝着积极的方向发展，就可能将孩子置于一个难以预料的境地。"妈妈听后表示明白了。我们嘱咐妈妈做好心理准备，既不要对这次放手有过高的期待，也不要抱着"看好戏"的心态，做好自己该做的事情，冷静观察孩子的变化。

竣峰丝毫没有犹豫，爽快地答应了"自己管自己"的提议，显得特别开心。

不过，接下来的一周可想而知，竣峰手忙脚乱，每天不仅要写作业，还要洗衣服。竣峰每天晚上自己定好起床闹钟，铃声一响立即起床，能够按计划完成作业。

妈妈兑现承诺，不过多地干涉竣峰，每天用心做好三顿饭，有时间就和竣峰聊聊天，坚持给竣峰写"加油站"，和竣峰一起制订下周的计划。

接下来的几周，竣峰一周比一周做得更好，他很享受这种自己动手的生活，虽然累，但他浑身上下散发着活力，一副干劲十足的样子。竣峰的变化让妈妈感到惊讶，她终于明白，不是孩子离不开妈妈，只是自己以为孩子离不开妈妈。

虽然课程结束了，但是新的旅程才刚刚开始。妈妈说："我要和竣峰一起继续加油。"期末考试成绩公布了，竣峰的语文成绩、数学成绩、英语成绩都是 A，均达到了他自己定的目标。半年多以后，竣峰再次传来好消息，他居然考了全年级最高分。

　　妈妈说，竣峰现在的学习劲头非常足，自己主动安排学习任务，感觉他整个人都在发光。他的生活自理能力也很强，不仅能打理好自己的学习，还能照顾妈妈。前段时间妈妈因为感冒不舒服，竣峰给妈妈端水递药，让妈妈好好休息，还会给妈妈做饭。

　　孩子只有在做自己的时候才是有力量的。家长越想控制孩子，就越得不到想要的结果。如果家长学会放手，让孩子掌控自己的生活，满足孩子的基本心理需要，孩子就会变得自信、自立、自强。

第三节
逃避学习的晓芸变得努力学习了

晓芸，11岁，女孩，上小学五年级。

家长讲述：我们家的晓芸对学习完全不上心，在上课时不能认真听讲，有时发呆，有时找周围的同学讲话，有时在练习本或书上画画。

晓芸做事情拖拉磨蹭，每天玩到很晚才开始写作业，得磨蹭几个小时才勉强做完作业，错字、错题连篇。我们一让晓芸更正错题，她就不耐烦，根本就不好好听我们说话。别人用十几分钟就能背下来的课文，她一个小时都背不会，根本不用心记。

书桌上、书包里都是乱七八糟的，晓芸从来都不收拾，动不动就丢东西。

晓芸还爱撒谎，一个晚上可以撒好几个谎：明明是默写的作业，她说她默完了，我们看着她默写，她又都不会；她以查资料之名偷偷浏览网页，被我们发现以后，我们说了她，她说是网页自己跳出来的，她正要关掉；老师要求读《三国演义》，她把书的起止页码都写上了，我们问她看了哪些内容，她都答不上来……撒谎就不是坏习惯的问题了，而是道德品质的问题。我们是不是应该严厉地惩罚晓芸？

就别提晓芸的学习成绩了，她的学习成绩在班上垫底，我们经常被老师叫去谈话。其实我们对晓芸的管教还是很严格的，打也打了，骂也骂了，可是对晓芸没有一点效果，晓芸还是老样子。以晓芸现在的状态，我们都认为她上不了好高中，感觉很焦虑。

一、原因分析

晓芸对学习一点兴趣都没有，但是又不得不学习。家长看到的都是晓芸的不对、不好、不行，不是严厉斥责她，就是打骂她。晓芸没有在学习的过程中体会到丝毫的成就感和喜悦感，反而感到非常痛苦，更加不喜欢学习。晓芸不想学习，但又无法躲避学习，只好用发呆、画画、聊天来打发无聊的时间。

晓芸的父母见不得晓芸犯错。可是犯错是孩子成长的必经之路。如果孩子一犯错就要挨骂，那注定他只能反复被打击。既然打也打了，骂也骂了，孩子还是老样子，就说明打骂对孩子没有效果，不仅没有解决原来的问题，还让孩子养成了说谎的毛病。

晓芸明知道不写作业，肯定会挨父母和老师的批评，甚至招来皮肉之苦，还企图靠撒谎蒙混过关。为什么晓芸会撒谎呢？晓芸撒谎是一个信号——家长和晓芸的相处模式出了问题，晓芸打心底里不信任家长，不认为家长是自己的倾听者和分担者。作为一贯强势的家长，必须认真反思，想办法改变自己的教育方式，否则可能会引发更加严重的后果——孩子可能会自暴自弃。

二、亲子行动

1. 调整教养方式

家长要全面系统地学习教练必修课。

2. 开启儿童时间管理训练

晓芸通过学习儿童时间管理课，掌握了高效的学习方法，逐步建立自信心。

三、共同成长

晓芸：跟随课程进度学习，认真地完成每周的练习。

家长：每天给孩子写"加油站"，盯着孩子做得对、做得好的地方；管好自己的嘴巴，避免唠叨、催促、发脾气；每晚和孩子一起填写《成长手册》。

第一周，写时间日志，感知时间

晓芸每天记录自己早起、做作业、睡觉等事项的时间分配情况，尝试感知时间。

家长在了解了原因之后，心态平和了很多，不再像以前那样急躁，并下决心改变自己。可是，家长觉得晓芸本周的变化不大，晓芸还是什么事情都要家长提醒，做事没有条理，不知道下一步该干什么。在利用番茄钟写作业前，晓芸基本不能坚持长时间写作业。

家长要牢记本周的目标——让孩子感觉到时间的存在。如果孩子不知道下一步该干什么了，家长可以提醒孩子。家长要耐心地引导孩子观察、比较：做同样的一件事情，昨天用了多长时间，今天用了多长时间？为什么会产生这样的差别呢？……孩子在做事情时有了快慢的感觉，意识到时间的存在和流逝，就达到了我们的目标。让孩子做事有条理，这不是我们当前的目标，也不可能在当前实现。

先让孩子暂停使用番茄钟。番茄钟的确可以非常有效地提高写作业的速度，但前提是孩子要感知到时间，才可能有自律的基础。晓芸显然还不具备这个基础。家长盲目地让晓芸使用番茄钟，只会让晓芸觉得自己总是做不到，加深晓芸的挫败感和自卑感。过多的任务也会让晓芸手忙脚乱，挫伤晓芸的自信心，影响后面的训练。家长不能操之过急。种子刚被埋下去，发芽需要时间。有的种子会早一点发芽，有的种子会晚一点发芽，这都是很正常的现象。如果孩子主动提高了做事情的速度，家长就要及时地肯定和鼓励孩子。

第二周，画时间图，学会规划一天的时间

晓芸根据自己上周的时间日志，画了一张时间图，将早上起床、完成作业和上床睡觉的截止时间分别定在了 7:00、20:30 和 21:30，准备先试行一周。这一周，晓芸拖拉磨蹭的现象明显少了。

本周发生了一个小插曲，好在家长及时管住了自己的嘴巴和脾气。本周三晓芸没考好数学，也没有将试卷带回来改错。家长还发现晓芸的英语单词默写是抄的，其实她根本就没有记住那些英语单词，她也没有认真复习语文。家长虽然特别恼火，但强压着怒气没说什么。家长在情绪平复以后陪晓芸去学校取卷子，并督促她改错。晓芸一直都很配合。家长有些惊讶，因为晓芸以前总是磨洋工，现在能按照要求完成各项任务了。

晓芸连续两个晚上都超过了约定睡觉的时间，一次是超过了 3 分钟，一次是超过了 5 分钟。妈妈在和晓芸一起填《成长手册》的时候有些犹豫。晓芸只超时了这么一点点，要不要在"按时睡觉"那一栏打钩呢？打吧，晓芸的确超时了，这样做会显得家长没有坚持原则。不打吧，太可惜了，家长有些于心不忍。

后来又发生了一件让家长高兴的事情。本周五晚上，晓芸主动跟家长讨论上高中的事情，她对家长说："我想努力考上本市的那所重点高中，我知道自己的薄弱环节在哪里，我想先制订一个学习计划。"这是晓芸第一次自己提出来奋斗的目标。家长有些激动，觉得一切都在朝好的方向发展。

晓芸主动要求把早上起床、完成作业的时间提前，这个想法很好。刚开始晓芸不一定能完全做到，这很正常。家长千万不能责怪晓芸说话不算

话。先让晓芸按照时间图试行一周，如果有必要再做调整。从晓芸本周的执行情况来看，晓芸的表现还是很不错的。

孩子在没有考好或者做错了事情时，大多会感到难过、内疚。家长应该正确地引导孩子，让孩子反思自己的行为，改正自己的错误。如果家长因此批评孩子，则可能会抵消孩子的内疚感和不安感，促使孩子将矛头指向家长，与家长对抗。晓芸能够配合家长的原因是家长将注意力放在了解决问题上。大部分孩子是在家长学会闭嘴之后才开始反思和成长的。

晓芸主动和家长讨论自己的学业目标，这的确是一个好消息，说明晓芸的上进心正在慢慢地提升。但是，家长也不要高兴得太早，晓芸从消极被动到积极主动，需要自信心做基石，而自信心的建立是一个循序渐进的过程。大多数孩子的转变和进步都没有那么快。晓芸很可能是因为被家长触动，一时兴起，给自己定下了努力奋斗的目标。家长要保持平常心，不要对晓芸有过高的期待，心态平和地陪伴晓芸成长。

第三周，制作行动清单，训练条理性

晓芸根据自己的实际情况，细心地制作了作业清单和准备清单，把它们贴在书桌前，用来提醒自己。

本周二，妈妈接到老师的投诉。老师向妈妈反映了两个问题：一是晓芸在上课时没有认真听讲，总在发呆；二是晓芸没有完成上周的周末作业，需要督促晓芸做作业。妈妈心里直冒火，因为她多次询问晓芸是否完成了所有的作业，每次晓芸都说"是"，晓芸还说自己在课堂上没有做小动作。妈妈觉得晓芸又在说谎骗人了。

我们让晓芸的妈妈先息怒，心平气和地跟晓芸谈一谈，将老师的反馈告诉晓芸，再耐心地听听晓芸的想法，真诚地询问晓芸是否需要帮助。晓芸犹豫了一会儿，小声地告诉妈妈："因为周末作业实在太多了，而且我

有好多题都不会做，我觉得自己肯定做不完，就跟妈妈撒谎了。我知道自己做错了，我今晚一定将周末作业补完。至于上课，我也不知道为什么听着听着就发呆了，脑子里一片空白，什么都没想。"

我们还了解到，晓芸在上周五跟爸爸妈妈讨论过奋斗目标之后，上周六上午爸爸就和晓芸一起梳理了薄弱环节，画了一张密密麻麻的思维导图，制订了详细的复习计划。恰巧上周末的作业很多，上周六那天晓芸几乎在书桌前坐了一整天。

我们建议晓芸从这周三开始记录自己上课走神的次数和举手发言的次数，暂停复习计划。

晓芸某一天的记录结果是，上课走神 3 次，举手发言 7 次。晓芸的妈妈对我们说："晓芸上课走神的次数这么少，发言的次数这么多，她是不是又在撒谎呢？不过她昨天晚上做作业的速度倒是挺快的，估计是因为她认真听课了。"后面几天，晓芸都能在晚上 8:30 之前完成作业，还因为上课积极发言被老师表扬了两次。

制作了行动清单以后，晓芸每天对照清单独立完成作业。

家长要明白，在孩子身上发生的各种状况，都可以成为孩子的重要成长契机，甚至是转折点。接到老师的投诉以后，家长千万不要乱了阵脚，先让自己的情绪平复下来，再心平气和地和孩子谈一谈，这样才能发现解决问题的关键。

晓芸上课发呆，跟她缺乏学习兴趣和欠缺专注力有关。家长要想办法让孩子意识到自己上课发呆了。很多时候孩子真的不知道自己走神了。在这样的情况下，家长给孩子讲多少道理都没有用。如果孩子能够用理性的态度看待问题，也就能够用理性的态度控制自己的行为了。人们将问题由潜意识浮现到意识里，才能解决问题。我们给晓芸安排了两项观察任务：一是观察自己上课走神的次数；二是观察自己上课举手发言的次数。这会让晓芸下意识地留意自己的行为。如果晓芸能正确地回答老师的提问，就能得到老师的表扬，受到正向的鼓励。

这个观察任务的重点不在于孩子记录的次数，而在于让孩子进行自我觉察。家长每天晚上认真询问孩子当天的记录情况，引起孩子的重视，这样做就够了，没必要纠结孩子记录的数字是否真实。

晓芸的父母犯了一个错误——过于激进地"趁热打铁"，着急地和晓芸一起制订学习计划，这违背了"慢慢来，比较快"的原则。家长应该顺其自然，不宜用力过猛，先让晓芸脚踏实地完成每天基本的学习任务和训练任务。

我们仍然要提醒家长，不要总把"孩子爱撒谎"挂在嘴边，否则很容易错过解决问题的关键期。

第四周，使用番茄钟，训练专注力

本周开始，晓芸使用番茄钟写作业。番茄钟时长暂时定为"20+5"。晓芸自己写好作业计划表，然后使用番茄钟完成写作业的任务。这周的家庭气氛比较和谐，晓芸取消了复习计划，又使用了番茄钟，每天晚上8点之前就可以完成全部的作业。

本周四，晓芸的爸爸妈妈还各自享受了一段晚间的休闲时光。吃过晚饭，晓芸的妈妈和好姐妹一起散步，晓芸的爸爸和朋友一起打篮球。晚上8点左右，晓芸分别给爸爸妈妈打电话，开心地报告自己已经写完了全部的作业。晓芸的妈妈立即夸奖了晓芸，并让晓芸自由支配自己的时间。晚上9点左右，晓芸的爸爸先回到家，检查晓芸完成作业的情况，肯定晓芸将作业完成得很好。

本周晓芸在听课方面取得了很大的进步，能够积极思考，踊跃发言，完成课堂任务的速度也明显提高了。晓芸再次提出每天复习30分钟。我们建议晓芸每天先抽出 15 分钟的时间做一些简单的练习。

第五周，学会选择，先做重要的事情

晓芸在本周学会了分辨事情的轻重缓急，先做该做的事，再做想做的事。晓芸本周有 5 天在晚上 8∶00 之前完成了作业，确保在晚上 9∶30 之前上床睡觉。晓芸将番茄钟时长调整为"25+5"。从晓芸记录的结果来看，中断的次数从每天四五次降到了每天两三次。

妈妈说："现在爸爸和晓芸每天一起读英语课文、背诵单词，晓芸学习英语的兴趣越来越浓厚了。但晓芸的作业完成质量还不算太高。"有时候爸爸还会故意说："哎呀，我昨晚背的单词，今天早上起来就全忘记了，晓芸还记得吗？"就这样两个人又一起愉快地将英语单词背一遍。现在晓芸已经基本可以独自完成学业任务了，在听课、做作业方面已经取得了明显的进步。

本周，家长在提高孩子的学习兴趣方面花了一番心思。如果家长希望孩子喜欢某样事物，就要用心增添乐趣，给孩子更多积极美好的情感体验。家长虽然从前也很"用心"，但是将力气用错了方向，越"用心"，对孩子学习兴趣的伤害就越大。

我们询问晓芸的妈妈："你说晓芸的作业完成质量还不算太高，具体是指哪些方面呢？"晓芸的妈妈说："每天晓芸的作业本上总会有几道做错的题。老师发在群里的表扬名单里还是没有晓芸的名字。"

晓芸的妈妈对晓芸的要求太高了。晓芸从刚开始抵触、逃避做作业，到现在主动做作业，并且提高了写作业的速度，付出了很多的努力。如果晓芸的妈妈再要求晓芸的作业一道题不错，甚至要求晓芸的名字出现在老师的表扬名单里，这对晓芸来说太难了，很容易让晓芸产生挫败感，丧失自信心。家长不能着急，先让孩子提高做作业的速度，再来谈作业的完成质量。

第六周，学习科学整理，让孩子专注、高效、有条理

晓芸收拾整理的习惯不太好。本周晓芸学习科学整理，她花了一些时间整理了自己的物品，并将自己的整理方法分享给班上的同学。

本周的家庭氛围冷若冰窖。晓芸的妈妈说："晓芸似乎又回到了从前，上课不认真听讲，做作业敷衍了事，最让人气愤的是晓芸考了这么差的成绩，她居然一副无所谓的样子，我觉得自己快要崩溃了。"

晓芸的妈妈想了很多，她认为，以晓芸现在的成绩，肯定考不上市里最好的中学，只能退而求其次。晓芸最好现在就转学，考上对口初中的把握更大。无论如何，一个女孩子，至少得上一所高中，然后上一所正规的大学。如果晓芸再继续这样下去，晓芸的妈妈都不敢想以后。

晓芸的妈妈急忙跟晓芸商量转学的事情。晓芸哭着不肯答应。晓芸的妈妈动之以情，晓之以理，跟晓芸分析利弊。晓芸依旧不肯转学，她为此哭了很久。晓芸的妈妈转念一想：凡事不能太由着晓芸，晓芸还太小，她能懂什么。这可是一辈子的事情，晓芸的妈妈决定跟爸爸商量一下转学的事情。

尽管我们一再向家长强调：孩子的行为表现发生波动是极其正常的现象，孩子不会呈现直线上升的状态，而会呈现螺旋状上升的状态，还可能呈现"一步三回头"的状态。可是当波动真的来临，尤其是接到老师的投诉或者孩子考砸以后，很少有家长能够淡定地接受孩子的行为表现，大多数家长感到十分焦虑，甚至比之前还要绝望、恐慌，觉得自己的努力全部付诸东流了，眼前被黑暗笼罩，看不到一丝亮光。

强烈的情绪反应放大了后果的严重性，制造出巨大的压力，大多数家长立即乱了方寸，把"自我控制"抛到脑后，使用自己熟悉的方式——训斥、打骂、威胁、控制孩子，企图快速制服孩子，或者通过各种方式把自己的焦虑转嫁给孩子，甚至就此断定时间管理训练没有效果。这个时候，

如果家长不能及时停止错误的做法，那么很遗憾，孩子的学习成绩就会继续下滑。

正确的做法是：家长首先让自己的情绪平复下来，在恢复理性之前不要盲目地对孩子做出任何举动。等情绪平复之后，家长要尝试理解孩子的感受，引导孩子分析考试失利的原因，一起想解决问题的办法。而晓芸的妈妈在自己怒气未消的前提下，在尚未考虑成熟的情况下，就提出让晓芸转学，成功地将自己的焦虑转嫁给了晓芸。晓芸的妈妈不仅没解决问题，还让晓芸感到焦虑。

晓芸的妈妈铁青着脸，咬牙切齿地对我们说："这个孩子没救了，考试考砸了，她根本就无所谓！"我们不动声色，让晓芸的妈妈给晓芸打电话，并打开免提。电话那头传来晓芸谨小慎微的声音："喂，妈妈吗？你下班了吗？你什么时候回来呀？……我把饭煮上了，也切好菜了，等你回来……"晓芸的声音似乎还有点儿颤抖，她好像被吓坏了。晓芸的妈妈挂掉电话，仍然愤怒地说："你们听到了吗？她就是这样一副无所谓的样子！"我们提醒晓芸的妈妈："你有没有感觉到孩子其实很害怕？"晓芸的妈妈一脸茫然，愤怒让晓芸的妈妈无法真切地体会到晓芸的真实感受。晓芸没有不在乎，她非常在意。我们建议晓芸的妈妈，在情绪平复之后，再和晓芸好好谈一谈。

一次小小的测验，对于孩子漫长的人生来说实在算不了什么。但家长的恶劣态度对孩子来说反倒是实实在在的伤害。如果家长控制不住自己的情绪，那就不如不管孩子。

第七周，确定微习惯，提高作业的完成质量

晓芸本周的时间安排井然有序，并给自己选择了三个微习惯：每天背诵一段英语文章；练习 10 道口算题，将错题数控制在 2 道以内；从语文

的第一课开始，每天复习 5 个字词。

本周晓芸在学校听课时表现得积极、主动，大部分情况下她能在晚上 8 点之前完成作业。

晓芸的妈妈经过上周的事件，结合之前的学习内容，认真地反思了自己的做法：不能老从孩子身上找原因，要努力改变自己，做情绪的管理者，给孩子营造温馨和睦的家庭氛围。

本周四，老师布置的作业比较多，晓芸回家以后立即开始写作业，可能是因为题目的难度有些大，她做得很慢，中途也没有磨蹭，还是一直做到晚上 11 点多。晓芸的爸爸妈妈虽然有些着急，但忍着没去催晓芸，也没主动去帮助晓芸，只在一旁默默地陪着晓芸，等晓芸完成作业以后，才一起熄灯睡觉。

爸爸妈妈就是凡人，也会犯错，及时地反思、改正自己的错误，就还是好爸爸、好妈妈。本周爸爸妈妈给晓芸营造了温馨和睦的家庭氛围，让晓芸的情绪渐渐地平复下来。如此，晓芸才能集中全身的精力努力生长，发挥出自己的潜力。

这一周，爸爸妈妈还和晓芸一起讨论制订了家庭公约。

第八周，制订学习计划，稳步提升学习成绩

快期末考试了，晓芸希望自己考个好成绩，并为此制订了适合自己的期末复习计划。

这一周，爸爸先是夸奖了妈妈："本周你尽力管好了自己的情绪，积极地配合孩子，做到了客观看待孩子的进步。"接着爸爸又夸奖了晓芸："快期末了，本周的作业量明显增多，完成作业所需的时间延长，但是你能够从容地面对，时间安排得紧凑而高效。你提高了做题的正确率，提升了学习成绩，尤其是数学，进步得比较快，经常得到数学老师的表扬。班

主任也夸你学习态度积极。"

晓芸的期末考试成绩出来了，语文、数学、英语都考了 A，基本完成了自己定的目标。班主任表扬晓芸进步很大，学习的劲头很足，能够认真执行自己做好的计划。

暑假即将到来，晓芸做好了暑假计划，希望借助暑期提高自己的学习成绩。

9 月份，新学期一开学，妈妈就觉得晓芸有点儿不一样了。晓芸自己主动学习，并制订了详细的学习计划。

12 月份的时候，晓芸的妈妈再次找到我们，说："现在晓芸学习特别努力，为了能考上那所本市最好的高中，给自己很大的压力。我很心疼晓芸，不知道该怎么劝晓芸别那么拼。"

4 年以后，有些遗憾，晓芸虽然最终没能考上那所当地最好的高中，但是顺利考上了另一所重点高中，她依然很努力，从此翻开了人生新的一页。

脾气暴躁的海洋变成"暖宝宝"了

海洋，9岁，男孩，上小学三年级。

妈妈讲述：海洋自从上了小学三年级以后，性情大变，动不动就大发脾气，满地打滚是常有的事，还粗暴无礼，经常摔东西。作业太多了没时间玩，书被人弄坏了，东西放错了地方，被冤枉了……总之，这些事都能惹海洋生气，一切都是别人的错。海洋根本不讲理，一闹就是一个多小时，几乎天天晚上十一二点才能做完作业。有几次因为海洋不肯写作业，我实在受不了了，就动手打了他。现在我是拼命忍着，忍不住了就自己下楼走走，有时候一边走一边哭。

老师说海洋在学校里经常和其他同学打架，遇到一点小事就上火，同学们都不愿意跟他玩。海洋还不遵守课堂纪律，静不下心来听课，老师只能把他的座位安排在讲台边上。当海洋做错了事情时，老师批评他，他还不肯认错，即使认错了也不改。海洋在学校里受了委屈以后，就会找各种理由冲我发脾气。海洋的爸爸长期不在家，我实在拿海洋没有办法了。我们和老人住在一起，老人比较娇惯海洋。一年前，我们和老人分开居住了。

在海洋五岁的时候，海洋有了一个弟弟，但他一直不喜欢弟弟，什么都不肯让着弟弟，其实弟弟还是蛮乖的。

一、原因分析

全家人对海洋百依百顺，毫无原则和底线，任由他随心所欲、无理取闹。大家表面上是想让海洋少受些苦、多一些快乐，实际上是借助海洋满足自己的情感需要，这是完完全全的溺爱。海洋被困在家人为他建造的"甜蜜城堡"里，剥夺了体验真实生活并成长的机会，他的许多重要能力没有得到发展，比如规则意识、社会交往能力、是非判断能力等，他已经是小学三年级的孩子了，却没有三岁孩子的自控力水平高。

进入学校以后，海洋的那些招数不管用了，刁蛮霸道的举动引起了群体的反感。妈妈觉得海洋不听话、不争气，于是用训斥、打骂的方式来严厉管教海洋。海洋的世界颠覆了，他由从前的宠儿变成了一个大家都嫌弃、讨厌的坏孩子。弟弟的到来让海洋的处境雪上加霜。弟弟占用了家长更多的时间和精力。海洋还被要求让着弟弟，这让海洋觉得大家都偏心弟弟，对弟弟心生怨恨。和爷爷奶奶分开居住以后，海洋失去了爷爷奶奶的情感支持，更加抑制不住自己的负面情绪。

在正常情况下，孩子的大脑尚未发育成熟，很容易做出冲动的举动，但是海洋的情绪发泄肯定不是因为单纯的冲动，而是因为他的愤怒和无助。对于海洋发出的求救信号，家长一定要重视。

二、亲子行动

1. 调整教养方式

海洋的妈妈需要系统全面地学习教练必修课，先让自己的思想成熟起来，改变自己对海洋忽冷忽热的态度，站在海洋的立场上看待问题，学会用心去体会海洋的感受，培养一个独立的、真正快乐的海洋。

2. 开启儿童时间管理训练

家长从溺爱包办到训斥指责，没有人教海洋应该如何应对。不过，以海洋目前的情绪状态来看，他恐怕也没有办法静下心来学习应对之道。家长首先要帮助海洋排解负面的情绪，再教海洋正确处理问题的方法。

这天，屋子里只有妈妈和海洋，母子俩并排坐在床边上。妈妈亲切、温和地对海洋说："儿子，妈妈知道，这段时间你其实过得挺不容易的。在学校里，同学们不和你玩，你还经常挨老师的批评，你也想做好，可是不知道怎样做才好。你感到特别难过，特别孤单，对不对？"海洋没有吭声，疑惑地看着妈妈，微微地点点头。妈妈继续说："你在学校的处境已经很难了，妈妈还打你、骂你，你觉得特别伤心，所以你朝妈妈发脾气。其实你不想这样做，对不对？"海洋的眼圈红了，哽咽着说："有些事情根本就不是我干的，你们偏说是我，你们冤枉我了，可你们从来就不信我说的话！"海洋开始抽泣。妈妈把海洋搂在怀里，轻声地说："现在妈妈给你道歉，妈妈不该打你，妈妈永远爱你，我们一起来想办法，好不好？"海洋泪如雨下。妈妈不再说话，任由海洋号啕大哭。

海洋不缺少陪伴他的人，却鲜有人真正懂得他的感受，他表面上强硬得像一只刺猬，实际上内心无比脆弱、孤独、无助。妈妈的一番话让海洋觉得自己终于被妈妈看见和理解了，被全然接纳了。伤心和委屈的眼泪喷涌而出，海洋将压抑已久的情绪释放出来了。清理了内在的"情绪垃圾桶"后，孩子更容易接受他人的建议。

三、共同成长

海洋：跟随课程进度学习，认真地完成每周的练习。

妈妈：每天给孩子写"加油站"，盯着孩子做得对、做得好的地方；管好自己的嘴巴，避免唠叨、催促、发脾气；让孩子帮着干一些简单的家务活；每晚和孩子一起填写《成长手册》。

第一周，写时间日志，感知时间

海洋发现自己每天都要花两个小时以上的时间才能完成作业。他还发现，自己每天晚上上床睡觉的时间很不规律，有时候是晚上 9 点之前，有时候是晚上 11 点多之后。

妈妈说，海洋本周头三天一进家门就主动写作业，写作业的速度特别快，写的字很漂亮。

亲子冲突发生在本周四。海洋放学回来以后迟迟不肯去写作业，吃饭的速度很慢，各种磨蹭，直到晚上 9 点多还没写完作业。因为当天海洋除了完成常规作业以外，还被老师罚抄两篇课文。海洋告诉妈妈，他想写完作业后听两集《西游记》的音频故事。妈妈对海洋说："这得看你完成作业的时间。"听完妈妈的话以后，海洋有些烦躁，不肯再写作业了。妈妈对海洋说："你快点儿写完作业，才有可能听《西游记》。"可海洋似乎听不懂妈妈的话，依旧烦躁，各种怪妈妈，还嚷嚷着要转学，不想上学了……妈妈始终平静地回应海洋的各种无理要求。在晚上 10:25 的时候，海洋终于写完了作业，他又吵着要听《西游记》的音频。母子俩讨价还价一番后，海洋最终答应只听一集《西游记》的音频。在晚上 10:38，海洋终于听完了一集《西游记》的音频，准备洗澡上床睡觉了。妈妈发现，如果她冷静地处理亲子冲突，就能缩短海洋发脾气的时间。

这一周，海洋很努力地想要做一个好孩子，他发现自己完成作业所需要的时间长，就立即下意识地主动调整自己做作业的速度。家长需要看到孩子积极努力的一面和追求上进的心。

为什么本周四妈妈和海洋爆发了亲子冲突？因为当天海洋除了完成常规作业以外，还被老师罚抄两篇课文。这份额外作业引起了海洋的抵触情绪，他之所以迟迟不肯去写作业，很可能是因为他不想面对被老师惩罚的事实。如果妈妈能够细心地留意海洋的情绪变化，不急着催他去写作业，先陪他好好聊一聊，听他说一说在学校发生的事情，帮他释放一下烦闷的情绪，结局可能就会不一样。

海洋想写完作业以后听两集《西游记》的音频，这其实是他释放情绪的方式。如果时间允许，妈妈就应该爽快地答应海洋的要求，或者明确地告诉海洋一个可行的时间，比如在晚上 10 点之前完成作业就可以听《西游记》的音频，鼓励海洋提高做作业的速度，不能含含糊糊地说"要看你完成作业的时间"。这个说法在海洋看来几乎就等同于拒绝。

妈妈的含糊其词反而更加激怒了海洋，遗憾地错过了第二次扭转局面的机会。妈妈本可以用《西游记》的音频来促使海洋快速完成作业。在海洋完成了作业以后，妈妈最终还是让海洋听了一集《西游记》的音频。妈妈与其和海洋反复纠缠浪费大量的时间，还不如一开始就痛快地答应海洋的要求。

如果时间不允许，妈妈就应该果断地拒绝孩子的要求。如果妈妈拒绝了孩子的要求，就应该平和地坚持到底，不能孩子一闹就妥协。此时的妥协就意味着妈妈鼓励孩子闹事。爽快答应或者果断拒绝都是正确处理事情的态度。而妈妈含糊其词的态度，看似给自己留了一条退路，其实是在制造亲子冲突。

第二周，画时间图，学会规划一天的时间

海洋参考时间日志画了一张时间图，将完成作业的时间定在晚上 9:30，将睡觉时间定在晚上 10:30。妈妈对此有些不满意。不过，为了尊重海洋的意见，妈妈就没有多说什么。按照这张时间图，海洋执行得还不错，基本能在晚上 9:30 之前完成作业，在晚上 10:30 之前睡觉。

本周母子俩又发生了一次较大的亲子冲突。妈妈觉得特别伤心，痛哭了一场。争吵的起因是这样的：妈妈带着海洋和小儿子外出回家，手里拎

了很多东西。快到家门口的时候，海洋主动地对妈妈说："妈妈，你快把钥匙给我，我先去开门。"妈妈刚掏出钥匙，海洋的弟弟连忙说："妈妈，别给哥哥钥匙，万一他开门以后就把我们关在外面，怎么办？"妈妈犹豫了一下，最终没有把钥匙给海洋。

进门之后，海洋大发雷霆，将茶几上的东西全部扔在了地上，开始号啕大哭，抱怨妈妈不信任他，一会说要把弟弟赶出去，不要这个弟弟了，一会又要求妈妈把压岁钱还给他，他要离家出走。妈妈对海洋说："谁让你以前就是这样做的。如果你之前不这样做，别人怎么会不相信你？"海洋哭得更凶了，不住地抖动小肩膀。哭过之后，海洋愤怒地对妈妈说："你是一个坏妈妈，我没有你这样的妈妈！"妈妈突然觉得自己是极其悲哀和失败的，眼泪止不住地往下流，躲进房间里痛哭流涕。

海洋在本周的表现不错，认真地给自己定了两个比较有把握完成的目标。妈妈虽然有些不满意，但还是选择尊重海洋的意见。妈妈在处理亲子冲突时显得太孩子气，没有自己的主见，被年幼的小儿子牵着鼻子走。本来一句话就可以解决的小问题，却升级成了火药味十足的亲子冲突。当海洋想拿钥匙提前帮妈妈开门时，如果妈妈果断地把钥匙交给海洋，并对小儿子说"哥哥会给我们开门的，我们要谢谢哥哥，他想得真周到，好贴心呀！"，那么哥哥会因此受到鼓舞，弟弟会因此得到正确的引导，三个人的关系会更加融洽。"相信"本身就是一种可以扭转局势的力量。孩子通常不愿意辜负真正信任自己的人。即使海洋真的如弟弟所说有些小"阴谋"，妈妈也应该给海洋一个机会。希望孩子改变，家长就需要给孩子改变的机会。妈妈的做法会让海洋觉得，无论他如何努力，都不会有人相信他。海洋不仅会因此放弃努力，还可能会因为被误解而感到委屈和愤怒。

妈妈因为弟弟的一句话就立即改变了主意，迅速地站在了弟弟这边，更增加了海洋对弟弟的怨恨。妈妈无意间破坏了兄弟俩的关系。弟弟口不择言，情有可原，妈妈应该有自己的主见。多子女家庭的家长一定不能"选边站队"。兄弟姐妹之间的矛盾往往是因为家长"选边站队"，偏袒其中一个。

进门之后，海洋的情绪激动，大吵大闹，这时妈妈仍然有挽回的机会，可以尝试与海洋沟通，让海洋的情绪平复下来。可是有些遗憾，妈妈不仅在此时给海洋讲道理，还像个孩子一样和海洋争吵起来，更加激怒了海洋，最终爆发了激烈的亲子冲突。

第三周，制作行动清单，训练条理性

本周海洋制作了作业清单和准备清单，每天放学后对照清单做作业。妈妈只须稍加提醒，海洋就可以独立完成作业。妈妈发现海洋在起床、睡觉等事情上越来越自律。

本周没有调整时间图，仍将完成作业的时间定在晚上 9：30，仍将上床睡觉的时间定在晚上 10：30。本周海洋只有一次没有按时睡觉。

妈妈说，这真是充满酸甜苦辣的一周。周一、周二两天，海洋早早地就完成了作业。周三，妈妈发现海洋有几样作业没有写，认为海洋在偷懒耍滑，好在她记住了上周的教训和老师的嘱咐，什么都没有对海洋说。周四，因为数学题改错，妈妈和海洋差点爆发亲子冲突。妈妈运用"洪荒之力"克制住了自己的火气，最终和平解决了这件事。周五，海洋放学回家后心情不错，从口袋里掏出一个小礼物送给妈妈，原来是一块蛋糕——学校发的下午点心，他没有吃，特意留给妈妈的。妈妈觉得特别开心。本周海洋没有像以前那样发脾气，这已经是很大的进步了。

这周妈妈的进步很大，有几件做得很好的事情：

（1）妈妈虽然怀疑儿子偷懒耍滑，但总算忍住没有说出来。有些话无益于解决问题，反而会打击孩子的积极性，让孩子产生消极情绪，家长就尽量不要说这些话。

（2）周四晚上，妈妈用"洪荒之力"克制住了自己的火气，态度平和地解决了问题。平静而理性的妈妈在孩子面前会更有威信，更能获得孩子的尊重。

妈妈付出了努力，收到一份甜蜜的礼物。这可不仅仅是一块蛋糕，这是海洋第一次主动地把自己喜爱的食物留给妈妈，意味着他已经把妈妈放在了心上。被尊重、被理解、被善意对待的孩子，才有可能温暖地对待他人。

第四周，使用番茄钟，训练专注力

本周开始训练专注力。海洋在上课时很不专注，时常会玩文具、发呆，或者找旁边的同学说话。在家里写作业的时候，海洋也会找各种借口中断写作业，每次都需要花费很长时间才能完成作业。

将番茄钟时长定为"15+5"，由妈妈记录海洋中断的次数和原因。妈妈只向海洋反馈结果，不责备海洋。周一，海洋在写作业时因为发呆、玩笔、上洗手间等事情中断了8次。妈妈按照约定没有多说什么，只把记录的结果拿给海洋看。周二，海洋和爸爸发生了一场较大的亲子冲突。周三，海洋在写作业时中断了5次。到本周结束时，海洋在写作业时的中断次数被控制在3次以内。

本周爸爸从外地回来休假，他本来想和海洋好好相处一下，哪知被海洋气得够呛。

周二晚上，海洋一边写作业一边抱怨："今天老师布置了这么多作业，等会儿肯定没时间玩了。"这时，海洋有一道数学题不会做，便大声地喊妈妈过来教他。妈妈对海洋说："你先做别的题目，我做完家务活就给你讲解。"海洋不高兴，又开始烦躁，大吵大闹，责怪妈妈耽误了他的时间，惹他生气了。

一向脾气不错的爸爸，此时觉得海洋胡搅蛮缠，实在太不像话了，便上前呵斥道："你是怎么跟妈妈讲话的，你怎么不讲道理呢！"接着爸爸跟海洋理论起来。哪知海洋说话口无遮拦，把爸爸气得脸通红。

妈妈不好当面阻拦爸爸，就只能悄悄地给爸爸的手机发信息："要先处理儿子的情绪。"爸爸无暇看手机，越说越激动，眼看就要动手打海洋了，妈妈赶忙把爸爸拉到一边去了。

父子双方爆发了激烈的冲突，爸爸想用武力来镇压儿子。妈妈努力从中周旋，最终成功地将怒气冲冲的父子俩分开。

海洋之所以容易情绪激动，是因为家长错误的教育方式。海洋的内心是极其痛苦的，他没有能力来缓解自己的痛苦。家长作为强势的一方，要反思并改变自己的方式，帮助孩子适当地释放情绪，逐渐学会控制情绪。如果家长不能控制住自己的火气，任性而为，又怎么能养出情绪稳定的孩子呢？

妈妈通过学习，已经懂得如何避开孩子抛过来的"火球"，平和冷静地陪孩子一起走出困境。这个"火球"本来是冲着妈妈来的，却被爸爸接过来了，父子俩你来我往地差点引爆"火山"。每个家庭都是一个小团队，只有各成员齐心协力，才能确保团队成员之间相处融洽。我们建议爸爸和妈妈一起学习教练必修课，共同为海洋营造适宜的家庭氛围。

当海洋没有礼貌地朝妈妈大呼小叫时，妈妈要用温和的语气对海洋说："如果你继续朝妈妈吼，妈妈就听不见你说话了。"妈妈可以给海洋示范正确的说话方式，包括音量、语气和语调。如果海洋发现吼叫无法达到自己的目的，就会改变自己说话的方式。

第五周，学会选择，先做重要的事情

这一周，海洋的作息时间已经基本规律了。海洋遵循"先做该做的，再做想做的"原则，将写作业的时间做了调整，在自己"电量"充足的时候写作业，提高写作业的速度和作业的完成质量。

本周海洋在听课方面有了很大的进步，上课做小动作和说话的次数明显减少了，每天完成作业所需要的时间也减少了20分钟左右。妈妈希望海洋将番茄钟时长调到"20+5"，她觉得"15+5"太短了，不利于提高做作业的效率。我们建议妈妈先别着急，暂时不要调整番茄钟时长。

妈妈叹了一口气说："这周海洋没有发脾气，可能跟这周的作业不多有关吧。他在学习上还是不够积极，基础知识掌握得不牢固，作业的完成质量不高。对于能不做的题，他坚决不会做。对于我给他布置的作业，他一道题都不肯做。"

本周海洋没有发脾气，他的心理秩序正在重新建立，逐渐由一团乱麻变得井然有序，情绪平和，心情舒畅，这是一件值得庆贺的事情。海洋一定为此付出了努力，请家长务必看到这一点，不能用"作业不多"把孩子的努力抹杀了。当然，孩子的进步也跟妈妈"使出洪荒之力"克制自己的脾气和嘴巴有关。

然而，家长总会不断地提高自己对孩子的期望。海洋好不容易安静了一周，妈妈就立即贪心起来，想要海洋主动学习，甚至给海洋布置额外的作业。妈妈未免太着急了。孩子只有先建立好内在的心理秩序，才能开始积极主动地学习。妈妈应该牢牢地盯着孩子做对、做好的地方，及时地肯定和鼓励孩子。

第六周，学习科学整理，让孩子专注、高效、有条理

海洋本周的课堂表现令人惊讶，他的行为举止显得成熟、稳重了很多，他不仅专心听课，还主动制止影响他听课的同学。海洋提升了专注力，主动要求把番茄钟时长调整为"20+5"。

海洋在收拾整理方面做得不太好，书桌上和衣柜里都是乱糟糟的。学习完本周的课程以后，海洋立即回家整理，还让妈妈全程拍下视频。

妈妈说："本周海洋与弟弟相处得比较好，没有打弟弟，也没有抢弟弟的东西，有时候还会主动让着弟弟。"妈妈只要稍有不慎，就可能会引发一场风波。有一回海洋不小心磕到了头。妈妈一着急，就对海洋说："你怎么那么不小心啊！"可能是因为妈妈的语气不太好，海洋瞪大眼睛正要发脾气。妈妈突然意识到自己的问题，马上改口问海洋疼不疼，这才平息了海洋的怒火。

海洋渐渐地有了自信心，萌生出"想要变得更好"的念头，他努力认真地完成各项学习任务，积极地迎接挑战。海洋的内心变强大之后，他渐渐地有了爱他人的能力，开始对弟弟展现出自己的善意，有时还会让着弟弟。

家庭里有小风波是正常现象，良好的亲子关系并不等同于"风平浪静"，而是等同于和平解决问题的办法。在解决风波的时候，能力强的一方要更加灵活机动。很显然，这个能力强的一方指的是家长，不是孩子。海洋的情绪管理能力和自控力仍然有待提高。海洋不小心磕到了头，妈妈没必要说海洋。海洋这次吃了亏，下次自然会注意。可是妈妈一着急，说出了抱怨海洋的话，幸好妈妈及时地反应过来，立即改口。妈妈的初衷是关心、疼爱孩子，要有意识地克制住自己埋怨孩子的念头。这不是让步，而是能力强的一方主动做出的调整，妈妈做得很棒。

第七周，确定微习惯，提高作业的完成质量

因为海洋觉得自己的口算能力差，所以他确定的一个微习惯是：每天练习 10 道口算题，将错题数量控制在 4 道以内，5 周之内做到全对。

本周妈妈分享了三个好消息和一个坏消息，三个好消息分别是：海洋的数学考了 A，创历史最高；老师夸海洋现在比以前学习认真，和同学的关系也有了很大的改善；在弟弟调皮的时候，海洋帮妈妈教训弟弟，很有当哥哥的风范。一个坏消息是，原本乖巧的弟弟却像哥哥以前一样撒起了泼。

如果孩子得到家庭的滋养，养成良好的学习习惯和生活习惯，那么提高学习成绩是自然而然、水到渠成的事情。本周海洋收到了许多良性的反馈：考了一个好成绩，得到了老师的夸奖，改善了人际关系……这些成就感和满足感使海洋进入了良性循环。妈妈之前"使出洪荒之力"管住自己的情绪和嘴巴，对于自己和孩子来说，是多么重要且划算的一件事情啊！

弟弟的撒泼行为可能是因为妈妈将错误的教育方法用在了弟弟的身上，也可能是因为长期的耳濡目染，还可能是因为妈妈和哥哥之间的关系发生了变化。无论如何，妈妈都不应该在孩子们之间"选边站队"，要正确地对待弟弟的撒泼行为，千万不能和哥哥一起训斥弟弟，否则弟弟就很可能成为从前哥哥的翻版。很庆幸，妈妈现在已经知道该怎么做了。

本周我们共同制订了家庭公约，希望全家人共同遵守。

第八周，制订学习计划，稳步提升学业成绩

还有一个月就要期末考试了，海洋希望自己的各科成绩都是 A。我们建议海洋不要着急，先制订复习计划，再慢慢地提高学习成绩。

我们和海洋一起将复习任务细化到每一天，制订了详细的复习计划。海洋利用这个复习计划查漏补缺。

这一周海洋的外公突然生病了，妈妈要回老家照顾外公，于是请朋友帮忙照料兄弟俩。每天妈妈都要和孩子们通电话。朋友说孩子们都很乖，特别是海洋，不仅得到学校老师的表扬，还主动帮忙做家务。本周恰逢父亲节，海洋嘱咐妈妈要给外公一个拥抱，再送外公一个礼物。妈妈激动地说："孩子懂得感恩了，妈妈真的很开心！"

孩子在制订和执行学习计划时，就跟初学走路一样，刚开始他可能做得不太好。家长要多盯着孩子做得好的地方，给孩子鼓劲儿，委婉地向孩子指出需要改进的地方。

我们并没有刻意教导孩子应该感恩。而被家长用心关爱、温暖、鼓励的孩子，内心自然地柔软、细腻，懂得回报他人。这就是孩子们的可爱之处。

期末考试成绩出来以后，妈妈发来信息，海洋的数学、语文和英语都考了 A。妈妈很满意海洋的考试成绩，可是海洋觉得自己的语文和英语考砸了，有些不开心。家长坦然地接受孩子的考试成绩，孩子不满意自己的考试成绩，这才是一个家庭里应该有的现象。

虽然课程结束了，但是海洋还时常回来看望我们。有时我们一拉开门，就发现海洋毕恭毕敬地站在门口，认认真真地喊"老师好"。很明显，海洋已经在门口等了一会儿，只是没有敲门，生怕影响他人上课。海洋的体贴、懂事让我们非常欣慰。

妈妈说，海洋有时候还是会发脾气。这很正常，毕竟海洋还是一个孩子，容易出现情绪波动。妈妈要继续保持淡定，别和海洋争吵，平和地坚持自己的意见，并带头遵守家庭公约。妈妈还可以和海洋玩情绪管理的游戏，以便让海洋的情绪尽快平复。

蔓蔓，11 岁，女生，上小学五年级。

蔓蔓妈妈：蔓蔓在家里和在外面判若两人。她在外面时胆子特别小，很少在课堂上举手发言，老师叫她回答问题，她就慢悠悠地站起来，声音小得像蚊子声，就连小组讨论，她都不敢表达自己的想法，就喜欢当听众。在遇到不懂的题目时，她也不敢请教老师，就要求我给她讲解。我肯定不如老师讲得好。在外面遇到熟人时，她也从来不敢打招呼，一直往我身后躲。有时候同学主动叫她，她都不敢大大方方地回应人家。我看着就着急。

蔓蔓在家里时就像变了一个人，只要我说话声音稍微大一点儿，她就说我态度不好，还冲我发脾气。她在写作业的时候，会不停地抱怨："今天的作业好多啊，我肯定做不完了！"其实她完全可以利用自己闹情绪的时间写作业。一遇到难题，她就不想做，不是在那儿发呆，就是在那儿偷偷地看课外书，还不许我坐在她旁边，把我赶出书房，经常拖到晚上十一二点才写完作业。她从来都不收拾自己的书包、书桌、衣橱，并说收拾整理是妈妈的事。

蔓蔓是由我们夫妻俩带大的。由于她爸爸工作忙，每天早出晚归，因此我管蔓蔓的时候比较多。对于蔓蔓生活上的事，我都给她安排好了，她只用专心学习。我们夫妻俩不是很严厉的家长，蔓蔓也很乐意跟我们聊天交流，可就是不知道蔓蔓为什么既胆小又磨蹭。以后蔓蔓该怎么独自面对社会呢？我们夫妻俩对此感到很焦虑。

一、原因分析

蔓蔓的胆小、不自信和磨蹭，归根结底是因为妈妈与蔓蔓之间的界限不清，妈妈在生活中过多地包办代替蔓蔓，没有原则，也就是溺爱蔓蔓。

孩子需要在反复尝试中提升自信心。而蔓蔓的妈妈可能是因为觉得蔓蔓太小，做事情的速度太慢，或者是因为心疼蔓蔓，包揽了蔓蔓所有的事情，不给蔓蔓自己动手的机会。在这种情况下，蔓蔓的一些能力无法得到发展。日久天长，蔓蔓养成了磨蹭依赖的习惯，养成了不爱思考的习惯，养成了遇到难题就想逃避的习惯。

跟同龄人相比，蔓蔓的动作看上去幼稚、笨拙、迟缓，与年龄不符。蔓蔓在遭到嘲笑之后，更加不愿意尝试，她认为比较保险的做法就是不参与讨论，不发表自己的观点。

看到蔓蔓胆小、懦弱，做事情拖拉磨蹭，妈妈很着急，采用唠叨、催促、说教等方式，企图拉蔓蔓一把。可是，这样的做法加深了蔓蔓的恐惧，蔓蔓变得更加胆小、懦弱。

为了让蔓蔓专心学习，妈妈替她安排好了生活上的一切事情。这种做法看上去很贴心，却让蔓蔓丧失了为自己的事情负责任的机会。一个连自己的书桌、书包都没有整理过的孩子，很难对自己的学习负起责任。

二、亲子行动

1. 调整教养方式

爸爸妈妈要系统全面地学习教练必修课。学习的重点是家长要看见孩子的真实需求，克制住自己包办代替的冲动，学会恰当的"管"与"不管"。

2. 开启儿童时间管理训练

妈妈要放开手，教蔓蔓学会自我管理、自主学习。

三、共同成长

蔓蔓：跟随课程进度，认真地完成每周的练习。

爸爸妈妈：每天给孩子写"加油站"，盯着孩子做得对、做得好的地方；管好自己的嘴巴，避免唠叨和催促；每晚和孩子一起填写《成长手册》；放手让孩子做一些力所能及的事情。

第一周，写时间日志，感知时间

让蔓蔓记录自己每天早上起床、吃饭、上学、写作业、洗漱睡觉的时间，了解自己的时间使用情况。

以前妈妈替蔓蔓安排好时间，在各个时间节点上不停地催促、提醒蔓蔓，蔓蔓自己并没有时间概念。这一次，妈妈可以提醒蔓蔓记录时间的使用情况，但不能替蔓蔓做。

本周妈妈觉得蔓蔓几乎没有变化，还是老样子，做什么事情都是慢吞吞的，需要他人提醒。妈妈每天提醒蔓蔓写时间日志。蔓蔓下午放学回来后，先休息 10～30 分钟，然后开始写作业，大概写一个番茄钟时长（25 分钟）的样子，就出来吃晚饭。吃完晚饭后，蔓蔓休息 10～20 分钟再去写作业，一直写到晚上 10 点多。妈妈觉得蔓蔓的休息时间过长，准备下周尝试给蔓蔓定时。

本周蔓蔓没有变化是很正常的现象。长期被家长安排的孩子，时间观念从无到有，必然是一个长期的过程。蔓蔓能在本周感觉到时间的存在，留意到自己行动的快慢所带来的时间长短的变化，就达到了本周的训练目标。

对于妈妈，我们有以下两个建议：

（1）暂停使用番茄钟。使用番茄钟的前提是孩子具备了一定的时间观念。目前蔓蔓显然还不具备这个前提，即使用番茄钟，也无法提高写作业的速度。

（2）遇事多和蔓蔓商量。就算蔓蔓可以使用番茄钟，遇到了问题，应该是"妈妈引导孩子发现"，而不是"妈妈自己发现，想到解决办法"。妈妈要克制住自己替蔓蔓解决问题的冲动，并将锻炼的机会留给蔓蔓。蔓蔓获得掌控感以后，才能变得内心强大、自信。

第二周，画时间图，学会规划一天的时间

蔓蔓根据上周的记录，将时间大致分配成这样：

6:55 起床

7:15 从家里出发去学校

7:40 到达学校

17:10 放学

17:30 到家

17:30〜18:00 玩耍、休息

18:00 开始写作业

18:30 吃晚餐

19:15 继续写作业

22:00 洗漱

22:30 睡觉

本周，蔓蔓虽然画了时间图，但仍然不遵守时间，她自己计划早上6:55起床，有时还要赖会儿床，7:00才起床。下午放学回家后，蔓蔓要看半小时的课外书。妈妈提醒蔓蔓该去写作业了，而蔓蔓通常会说"妈

妈，我再看一会儿"。妈妈通常催促几次，蔓蔓才去写作业。如果蔓蔓提前写完作业，就会开始看课外书。妈妈不得不提醒蔓蔓洗漱。妈妈觉得22：30上床睡觉有点晚了，认为蔓蔓应该早点睡觉。

从妈妈的反馈中，我们可以获得以下三条信息：

（1）蔓蔓特别热爱阅读。她总会见缝插针地读书，这是难能可贵的。家长要支持蔓蔓喜欢读书的爱好，别总是粗暴地打断她，让她自己学会定闹钟。如果闹钟响了，蔓蔓没有行动，家长就可以平静地与蔓蔓沟通。

（2）蔓蔓开始有意识地把控时间。原本计划早上6：55起床，蔓蔓赖了一会儿床，7：00起床，推迟了几分钟，又没有造成任何不良的影响，这有什么问题呢？

（3）蔓蔓提前完成了作业。洗漱之前的读书时间，是蔓蔓通过提高做作业的速度争取来的。妈妈要把这些时间的支配权还给蔓蔓，让蔓蔓品尝到快速完成作业的乐趣，才有继续努力的动力。蔓蔓已经完成了目标，妈妈就不要急着把睡觉的时间提前，否则就容易打击蔓蔓快速做作业的积极性。妈妈应该肯定蔓蔓的努力，鼓励蔓蔓加油。慢慢来，比较快。

第三周，制作行动清单，训练条理性

蔓蔓在制作好作业清单和准备清单以后，自己对照清单独立完成作业。

本周妈妈发现蔓蔓在使用了行动清单之后，做作业的速度快了一些。本周三，蔓蔓忘记写作业了，经过妈妈提醒之后，她才想起来，并开始闹情绪，说作业好多，还有的作业不会写。检查完语文作业，蔓蔓错了三个词，妈妈让蔓蔓去订正，蔓蔓开始朝着妈妈发脾气。妈妈正要提高音量训斥蔓蔓，突然想起来要管好自己的脾气和嘴巴，就强忍着自己的怒火。妈妈努力让自己的情绪平复下来，并安慰蔓蔓："你发现不会做的题，这是好事。你只要真正掌握了知识点，就会做了……"蔓蔓掉了几滴眼泪，说：

"来不及了，明天就要考试了。"妈妈继续对蔓蔓说："还来得及。"

蔓蔓在本周取得了非常大的进步：对照清单独立完成作业；使用行动清单之后，做作业的速度提高了；开始担忧第二天的考试。从前，蔓蔓一点儿都不操心即将到来的考试。本周蔓蔓还没有养成按时完成作业的习惯，容易忘记写作业，需要家长适当提醒。

本周妈妈也取得了不小的进步。当蔓蔓情绪激动的时候，妈妈没有像往常一样冲上去"接火"，而是先努力平复自己的情绪，再去安抚蔓蔓。

家长不要在孩子情绪激动的时候给孩子讲道理，因为孩子的情绪通道堵塞了，听到家长的大道理以后，孩子很可能变得更加情绪激动。孩子在情绪激动的时候需要倾听者。家长要用科学的方法帮助孩子疏导情绪，待孩子的情绪平复之后再一起想解决问题的办法。

家长不要对孩子说"没关系"，不要否定孩子的感受。如果家长说"没关系"的次数多了，有的孩子就真的以为没关系了。

第四周，使用番茄钟，训练专注力

因为蔓蔓的专注力还不错，所以蔓蔓将番茄钟的时长定为"25+5"。蔓蔓使用番茄钟，有助于劳逸结合，精力充足，做事情更加有条理。

在课堂上，蔓蔓开始有了自信的笑容。

这周恰逢一个三天的小长假。妈妈说蔓蔓在放假的当天晚上就主动做好了假期计划，对于没能按时完成的计划，她都会想办法及时补上。在假期外出游玩的时候，蔓蔓会主动帮爸爸妈妈提东西。在遇见老师时，蔓蔓会主动跟老师打招呼。

做假期计划或者学习计划，是蔓蔓日后需要学习的内容。如果蔓蔓自己愿意做计划，家长就要支持她，无论她做的计划有多差，都要鼓励她。

第五周，学会选择，先做重要的事情

先做重要的、该做的事情，再做想做的事情。蔓蔓主动将写作业的任务调到了阅读的前面。这样一来，蔓蔓就可以更早地完成作业，利用睡前时间看自己喜欢的书。如果蔓蔓提高做作业的速度，她就会有更多的阅读时间。

妈妈跟蔓蔓商量能否将洗漱时间提前 10 分钟。妈妈还是希望蔓蔓能够早点睡觉。只是提前 10 分钟洗漱，蔓蔓爽快地答应了。洗漱时间提前了 10 分钟，也就意味着睡觉时间提前了 10 分钟。

本周，蔓蔓很积极地做好计划表，并对照行动清单一步一步地完成作业，认真地记录中断的次数。在写作业的过程中，蔓蔓还会出现走神的情况，主要原因是她碰到了不会做的题。蔓蔓一碰到不会做的题就停在那儿了。该怎么帮助蔓蔓呢？蔓蔓在写作业的时候，会不知不觉地将头低下去。妈妈担心蔓蔓这样做会影响视力，想要提醒蔓蔓抬起头来，又怕影响蔓蔓的专注力。

如果家长语气平和地与孩子沟通，孩子大多愿意听取家长的建议。本周，蔓蔓主动将做作业的任务调到了阅读的前面，也很爽快地答应将洗漱时间提前 10 分钟。如果家长沟通的方法对了，孩子就可能变乖了。本周，蔓蔓做事情的态度更加积极了。

孩子喜欢自己做主的感觉。家长不断地鼓励孩子，孩子会更有干劲儿。

碰到了跟孩子相关的问题时，家长别独自冥思苦想，可以邀请孩子一起想办法，要相信孩子是一个解决问题的高手。

我们建议妈妈将自己的担忧告诉蔓蔓。遇到难题后，人们该怎么办呢？蔓蔓说，先自己思考，实在想不出来，就先放着，最后请教老师或家长。至于自己在写作业的时候会不知不觉地将头低下去，蔓蔓觉得妈妈可以不

出声，可以用手势来提醒。妈妈和蔓蔓约定了一个双手向上托举的手势。如果妈妈做这个手势，就意味着蔓蔓需要抬起头来。

第六周，学习科学整理，让孩子专注、高效、有条理

这一周，蔓蔓需要学习整理自己的书桌、书包和衣柜。以前蔓蔓的物品都是妈妈整理的，蔓蔓只需要注意保持就行。

本周蔓蔓又将睡觉时间往前调了 10 分钟，也就是睡觉时间为 22:10。

本周，蔓蔓写作业走神的次数变少了，专注力提高了，每天都能在约定的时间内完成所有的作业。虽然蔓蔓将睡觉时间提前到了 22:10，但是她仍然有自由支配的时间。最近蔓蔓迷上了折纸，将自由支配的时间全部用来折纸了。

妈妈说自己还有一些小焦虑。蔓蔓在学校没有完全掌握老师讲的知识点，她又不敢去问，只要碰到稍微难一点的题目，她就有些畏惧。妈妈跟蔓蔓说了好多回，在遇到不懂的知识点时就去请教老师，可蔓蔓还是不敢去。在上课的时候，蔓蔓还是不能积极、主动地发言和参与讨论。无论妈妈怎么鼓励蔓蔓都没用。蔓蔓性格内向，妈妈希望老师多关注一下蔓蔓，多给蔓蔓一些机会。

蔓蔓不敢去请教老师，不肯在课堂上积极参与讨论，是因为她目前缺乏成功的体验，没有尝试的勇气。家长可以鼓励蔓蔓尝试一下，比如试着问老师一个问题，在课堂上举手回答问题，等等。家长可以提前跟老师沟通好，如果蔓蔓能够问老师问题或者举手回答问题，就请老师给蔓蔓一些机会，让蔓蔓有成功的体验。至于什么时候去尝试，由蔓蔓自己来决定。就连小鸟在飞到地面啄食之前都要在枝头上观察一番，确定安全之后才会飞下来，更何况我们的孩子呢？家长要给孩子营造一个平和、有爱的氛围，然后静静地等待，不要催促孩子。

本周三，在大课间休息时，蔓蔓终于鼓起勇气向老师请教了一道题。随后老师在其他同学面前夸蔓蔓积极、好学。受到老师表扬的蔓蔓又在接下来的一节课上积极举手回答问题。老师立即让蔓蔓起来回答问题，再次鼓励了蔓蔓。蔓蔓一下子完成了两个挑战，放学回家以后特别开心，并说下周她还要继续挑战自我。事实上蔓蔓在有了成功的体验之后，并没有真的"忍"到下周，她在本周多次举手回答问题。

第七周，确定微习惯，提高作业的完成质量

蔓蔓觉得自己的语文基础比较薄弱，因此在本周确定了两个微习惯：每天听写 5 个词语；每天背一首古诗。

将晚上的睡觉时间提前到 21:50，这是蔓蔓自己要求的。蔓蔓做作业的速度又加快了，每天 20:30 左右就可以完成全部作业。虽然蔓蔓将睡觉时间提前了，但是她仍然有 1 个小时左右的自由支配时间。

本周妈妈的表情柔和了不少。蔓蔓也取得了不小的进步：每天遵守作息时间，按时完成各项作业，在课堂上积极举手回答问题。老师表扬蔓蔓进步很快，有自己独特的见解。蔓蔓又找数学老师请教了几回题目，还和其他同学一起主持了班会。

不过，蔓蔓在遇到难题时仍然会闹情绪，抱怨怎么这么难，嘴里不停地哼哼唧唧，最终硬着头皮往下做。此时妈妈觉得自己应该说点什么或者做点什么，但又不知道该怎么说或者该怎么做。有时候妈妈会安慰蔓蔓，给蔓蔓加油鼓劲。有时候妈妈会建议蔓蔓先休息一下再写。

有了成功的经验和妈妈的鼓励之后，蔓蔓的胆子越来越大，变得更加自信。

如果蔓蔓在晚上写作业时遇到难题，只是哼哼唧唧的，并没有造成不良影响，那她就不需要帮助，因为哼哼唧唧只是她排解情绪的一种方式，

她会解决好自己的问题。妈妈此时介入，反而会干扰蔓蔓。如果蔓蔓特别难过，什么都不想做，或者主动来找妈妈，那她可能遇到了麻烦，需要妈妈的帮助。此时妈妈需要耐心地陪伴蔓蔓渡过难关。

第八周，制订学习计划，稳步提升学业成绩

本周蔓蔓要学习制订学习计划。上周蔓蔓参加了语文测试，她觉得自己没有考好，主要是因为基础题和阅读题丢分比较多。蔓蔓主动向语文老师请教如何才能提高基础题和阅读题的正确率。语文老师给了蔓蔓一些很有针对性的建议。蔓蔓给自己定了一个小目标：下次语文测试考 A。为了完成这个目标，蔓蔓买来学习资料，制订了一份学习计划，本周就开始行动。

蔓蔓把睡觉时间调到了 21:30，因为她已经可以在 20:15 之前完成全部作业了。

本周，妈妈也在努力改掉自己拖延的习惯，比如她计划做某件事情，却迟迟没有行动，没有给蔓蔓做好榜样。蔓蔓其实早就发现自己总在阅读题上面丢分，也有提高阅读能力的打算，还为此做过计划，但是一直都没有实施。本周，蔓蔓学习的劲头很足，妈妈也要加油努力啊！

本周发生了一个小插曲。妈妈认为蔓蔓的桌面有些乱，蔓蔓觉得自己的桌面不乱，两个人因此发生了争执。虽然后来蔓蔓还是按照妈妈的要求重新整理了桌面，但是她极不情愿，觉得自己很委屈。

蔓蔓的妈妈开始反思自己身上存在的问题，并不断地修正自己，她要给蔓蔓做榜样。家长需要教育孩子，其实孩子又何尝不是在教育家长。正所谓"育儿先育己"，有的家长为了更好地教育孩子，也在不断地改变自己。

和谐的亲子关系并不代表家长和孩子之间没有摩擦，而是家长懂得如何妥善地解决问题。很多时候家长和孩子的标准并不一致。妈妈对整洁度的要求比较高，就会觉得桌面很乱。而蔓蔓可能觉得自己都将东西放回原

位了，桌面没有很乱啊。这个问题很好解决。妈妈和蔓蔓一起商量一个整洁的标准，然后按照这个标准一起整理，整理好之后拍张照片，今后蔓蔓按照这个照片的标准整理，这样母女俩就不容易产生分歧了。

在接下来的语文测试中蔓蔓考了 A，完成了自己定的小目标，增强了自信心。蔓蔓越来越自信、积极、开朗。看来，蔓蔓已经开始茁壮成长了。每个儿童都有很强的可塑性，科学的养育方式可以很好地帮助儿童扬长避短。

第六节
注意力不集中的明明越来越专注了

明明，7岁，男生，上小学二年级。

明明爸爸讲述：明明在上课时能盯着一个地方看半个多小时，就是不看黑板，也不听讲。

在做作业时，明明都不能专心5分钟，会做很多小动作，写着写着就干别的事去了。上一秒明明还在草稿纸上算题，下一秒他就画起小人儿了。明明总是错很多题。就连我给明明讲过很多遍的题，明明都能一错再错。我看着明明就冒火，也难怪他妈妈打他。以前明明被妈妈打一顿后还能老实一段时间，现在谁打他都没用。

我觉得明明对学习一点儿都不感兴趣。明明经常抱怨说："为什么我要学习啊？学习好累呀！"面对不肯好好学习的明明，作为家长，除了逼迫他学习，还能怎么办呢？

在上小学以前，明明和爷爷奶奶住在一起。爷爷奶奶很溺爱明明，明明因此养了很多坏毛病，什么事情都要他优先，动不动就发脾气打人，有时还会打爷爷奶奶，随便拿别人的东西，在学校里经常和别人打架。他还喜欢一边吃饭一边看电视或者看书。明明有老人护着，我和明明的妈妈也不好说什么。上小学以后，我和明明的妈妈都觉得明明再这样下去肯定不行，就让明明和老人分开住了。

我和明明的妈妈，一个唱红脸，一个唱白脸。明明的妈妈脾气暴躁，烦了就把明明打一顿，她也确实有能耐。明明之所以能考高分，都是因为妈妈管教得好。可我觉得不能打孩子，要对孩子采用说服教育的方式。明明的妈妈嫌我一天到晚嘀嘀咕咕，经常朝我发脾气。我们家因为明明已经鸡飞狗跳了，实在拿他没招了，不知道该怎么管他。

一、原因分析

爷爷奶奶对明明溺爱、纵容，爸爸妈妈对明明严厉、控制。而爸爸妈妈的养育观念也不一致。这些不一致的养育方式严重扰乱了明明的内在心理秩序，严重消耗了明明的生命能量，使得明明无法积极、专注地面对学习和生活。

隔代教养存在很多的问题，爷爷奶奶通常对孙儿百般宠溺，没有原则，喜欢包办代替，这是老人对孙辈深厚的情感表达。然而，老人不当的情感表达，会破坏孩子的专注力，影响孩子和父母之间的关系，增加亲子教育的难度。

如何管教孩子，这是家长需要学习的。家长不能由着自己的性子胡乱管教孩子。妈妈动不动就打骂孩子，朝着孩子的爸爸发脾气，这些行为会让孩子丧失安全感，毁掉孩子的专注力。如果妈妈没有意识到自己的错误，那么孩子无论接受再多的专注力训练都无济于事。

爸爸虽然不打骂明明，但是一直以来都把说教、唠叨当教育。实际上爸爸只是在用一些无意义的话语堵塞明明的信息通道，明明要么会因此变得更加混乱，要么会因此练就自动隔音的本领。长此以往，明明不仅注意力不能集中，还不会"听话"了。

更值得一提的是，妈妈给明明做出了强势、暴力的示范。爸爸虽然嘴上说着不能打孩子，但是十分认同妈妈的做法。一个经常被暴力镇压的孩子，很难发展出与他人合作的能力，很容易产生逆反和攻击他人的行为。

孩子大多热爱学习，只要环境适宜，根本不需要家长逼迫。"逼迫"出来的好成绩就像一团色彩亮丽的泡沫，随时可能破灭。家长需要立即停止使用错误的教育方式，将重心放在自我成长上，更新教育观念，改善孩子的成长环境，激发孩子的内驱力。

二、亲子行动

1. 调整教养方式

爸爸妈妈都需要系统全面地学习教练必修课。学习的重点是改善亲子关系，减少对孩子的控制，多鼓励孩子，少打击孩子。

2. 开启儿童时间管理训练

爸爸妈妈逐渐放手，给明明自由成长的机会。

三、共同成长

明明：跟随课程进度，认真地完成每周的练习。

爸爸妈妈：每天给孩子写"加油站"，盯着孩子做得对、做得好的地方；管好自己的嘴巴，避免唠叨和催促；每晚和孩子一起填写《成长手册》；放手让孩子做一些力所能及的事情。

第一周，写时间日志，感知时间

明明刚上小学二年级，加上之前都是被爸爸妈妈管着，独自记录时间日志有些困难。明明与妈妈决定一起合作完成时间日志，明明负责看时间，妈妈负责记录。妈妈只负责记录，无论记录的结果如何，都不能批评明明。

本周，妈妈又忍不住揍了明明一顿，因为明明一下子错了8道题，即使是讲了三四遍的题，明明依然能做错。爸爸觉得明明本周没什么变化，明明还是没有时间观念，上课容易走神，错题较多。爸爸正在考虑给明明报一个晚托班，专门搞定明明的作业。

明明的爸爸太着急了。明明的坏习惯不是一朝一夕养成的，哪可能在一周之内就全部消失。家长只需要锁定本周的目标——陪孩子一起记录时间日志，让孩子感知到时间的存在。至于明明学习上的事，不是本周关注的重点。

如果家长希望孩子养成独立自主的学习习惯，就不要给孩子报晚托班。看似孩子在晚托班顺利地完成了作业，实际上晚托班只是把存在的问题转移了或者掩盖了。家长解决了一时的烦恼，可是孩子失去了自我成长的动力。问题依旧潜伏在那里，在未来的某个阶段，必然会以更加剧烈的方式爆发出来。解铃还须系铃人，孩子的问题，还是由家长自己解决吧。

第二周，画时间图，学会规划一天的时间

明明根据第一周的时间日志，画了一张时间图，他计划早上7点起床，晚上10点睡觉。如果明明能在晚上9点之前完成作业，他就可以有30分钟的自由支配时间。

本周爸爸妈妈按照要求，取消了给明明额外布置的口算练习。爸爸妈妈每晚轮流陪明明写作业。相比上周，妈妈的情绪平和了很多。妈妈在陪明明写作业的时候，尽量不对明明发脾气，实在忍不住，就去客厅里冷静一下。本周，爸爸唠叨的次数减少了，他很努力地克制自己说话的冲动。

本周，明明做到了早上按时起床，晚上按时睡觉，写作业的速度稍有提高，但仍然容易走神，在上课时喜欢玩橡皮、纸等东西。

明明开始对时间有了意识。明明专注力的恢复和内在秩序的重建是同步的。在这个过程中，家长能为明明做的就是管好自己的情绪和嘴巴，给明明营造一个安静的环境。

明明总是做错口算题，根本原因不是练习的题目少了，而是心受伤了。家长需要用肯定和鼓励的良药来为明明疗伤。如果明明心上的伤好了，他自然就会积极行动起来。家长额外给明明布置作业，这不是增加明明的负担吗？

目前来说，爸爸妈妈轮流陪明明写作业是非常明智的做法。当天不用陪孩子写作业的家长，可以放松一下自己的身心，做一些自己喜欢的事情，缓解一下焦虑的情绪。当天需要值班的家长也没必要一直看着孩子，可以时常离开一下，给孩子独立自主的空间。

第三周，制作行动清单，训练条理性

明明制作了作业清单和准备清单，并贴在了自己的书桌前，每天对照清单写作业。

本周，明明的变化挺大，自己定好起床闹钟，放学回家后就去写作业，偶尔需要家长提醒。写完作业以后，明明收拾整理自己的书包和桌面。

在学习方面，家长让明明当小老师讲课，还给明明发工资，效果不错。明明教家长复习当天的课，又带家长预习下一课。明明做题的正确率明显提高了。

有待改进的地方是明明在写作业的时候仍然有很多小动作，一会儿玩橡皮，一会儿上厕所。明明在碰到难题时不爱动脑筋，而且比较固执，听不进去家长教的方法。

本周，明明的时间观念、学习的主动性都在慢慢地恢复。爸爸妈妈在本周不再使用蛮力，而是采用有效的方法——让孩子来当小老师。"教"是最好的"学"。本周，明明在学习方面进步显著。我们让家长闭嘴的目的是为孩子营造安静的环境。家长要逼自己想出富有智慧和创造力的家教方法。家长逼孩子，孩子可能会变坏；家长逼自己，孩子可能会变好。

明明的小动作属于历史遗留问题，目前不需要做特别处理。本周的重

点仍然是家长继续管好自己的情绪和嘴巴。

明明在碰到难题时不想动脑筋，这是正常的现象，因为明明目前还不具备迎接挑战的能力。明明听不进去家长教的方法，不一定是因为固执，还可能是因为不感兴趣，不想听。当前，明明学习的主动性、学习的热情和学习的兴趣都还在恢复当中。如果明明愿意听家长的讲解，家长就耐心地给明明讲解。如果明明不愿意听家长的讲解，家长就别勉强明明。对明明的教育，家长仍然以鼓励为主。明明掌握了多少知识不是本周关注的重点。家长要接受并允许明明可能会出现不会做、做不好、完不成的情况。

第四周，使用番茄钟，训练专注力

本周开始训练明明的专注力。因为明明的年龄比较小，妈妈和明明一起做了作业计划表。本周的番茄钟时长定为"10+5"。明明在写作业的时候，爸爸或妈妈在一旁安静地记录。在明明使用番茄钟期间，爸爸妈妈要做到"三个不"：不提问，不中断，不打扰。

明明在周一写作业时中断了17次。妈妈没有批评明明，只是平静地将记录表拿给明明看。看着表格上密密麻麻的杠杠，明明先是夸张地做出了一个惊讶的表情，然后不好意思地笑了。后面几天，明明中断的次数逐渐减少。

本周，明明每天放学回家后就开始写作业，自己对照准备清单和作业清单一步一步地完成，而且开始主动收拾整理了。虽然明明的小动作还是有很多，但总算在慢慢地减少。

本周，妈妈没有对明明发火，每次想发火时，就努力控制自己的情绪。

本周，明明开始对自己的专注力情况有所觉察，并且有意识地减少中断做作业的次数。妈妈只是将记录表拿给明明看，没有做任何评价。妈妈这样做给明明提供了一个自我觉察和反思的空间，能够促使明明自我成长。

毁坏孩子的专注力很容易，而想要恢复孩子的专注力却需要家长付出大量的时间和精力。目前家长仍然要保持淡定，暂时忽视明明的小动作，以肯定和鼓励的教育方式为主。

第五周，学会选择，先做重要的事情

本周，明明要学会分清事情的轻重缓急，先做该做的事情，再做想做的事情。在这一点上，明明已经有了很大的进步，每天放学回家后，就先写作业，然后读书、玩耍。

本周的番茄钟时长仍是"10+5"。明明在现在的番茄钟时长内仍然会有两三次的中断，等到完全没有中断时，就可以将番茄钟时长升级为"15+5"。

本周爸爸发现明明其实是挺聪明的。有一道有点难度的数学题，好多同学不会做，而明明很快就做出来了，老师还专门拍照片发给爸爸，并夸奖明明进步很快。爸爸说："我以前一直觉得明明很笨，教也教不会，这样看来明明一点儿都不笨。"

本周，明明的表现让妈妈颇感意外。明明已经连续四天将口算题全做对了。老师说明明完成课堂练习的速度也快了不少。这周的数学测试，明明考了90分。看来，明明给爸爸妈妈当小老师的效果还是不错的。为了当好小老师，明明就必须在课堂上认真听课。

不过，明明的脾气还是很大。本周四，明明写完作业后，下楼玩耍，一生气用棍子戳了小朋友的头。妈妈过来了解情况，明明气呼呼地说"不知道"，并坚决不肯向小朋友道歉。妈妈为此非常生气，坚持让明明向小朋友道歉。僵持了好一会儿，明明突然哭了起来，咬牙切齿地说了一句"对不起！"就飞快地跑回家了。

大部分儿童的智力并无太大的差异。有的家长能让孩子的潜能得到充分发展，而有的家长没有办法让孩子的潜能得到发展。有的孩子不是天生就笨，而是家长用错误的方法把孩子教笨了。

明明和小伙伴相处的时候会闹别扭、发脾气。压抑在明明身体里的负面情绪不可能那么快就消散，一旦遇到压力就会习惯性地显现出来。

希望孩子对他人友善，尊重他人，家长先要对孩子友善，尊重孩子。妈妈在众目睽睽之下逼明明道歉，明明勉强说出"对不起！"三个字之后，明明是更友善了还是更冷酷了，是更理性了还是更情绪化了？家长可以代替孩子真诚地给小伙伴道歉，然后迅速地带孩子回家，回家以后先处理孩子的情绪，等孩子的情绪平复之后，再询问孩子打人的原因。如果家长确定是孩子做错了，就要指出孩子的错误，再对孩子进行必要的教导，问问孩子准备什么时候去给小伙伴道歉。如果孩子做错了事，就要学会自己承担责任。

第六周，学习科学整理，让孩子专注、高效、有条理

从时间管理训练开始，明明就已经开始学着整理自己的部分物品了。本周，明明很快就掌握了科学的整理方法，大约花了一个小时的时间，就让书包和书桌换了样子。

本周，明明想把番茄钟时长调到"15+5"，他想挑战更长的专注时间。上周快结束的时候，明明已经能够做到在 10 分钟时间内不中断做作业。本周我们支持明明接受挑战。

本周明明在学习上又取得了进步，他写的作文被老师当作范文念给全班同学听。明明能够按时起床和睡觉，不用爸爸妈妈催促。周三晚上，全家人一起开了一次家庭会议，讨论周末去哪里玩。明明的兴致很高，想出了很多有趣的点子。

周四晚上，妈妈发来一段爸爸辅导明明写作业的视频。爸爸在一旁不断地催促明明，明明坐在书桌前眉头紧锁，就是不肯动笔写一个字。我们赶紧让爸爸出去转转。爸爸一离开，明明就提高了写作业的速度。

明明学习的积极性越来越高，他主动要求挑战"15+5"的番茄钟；学

习成绩有了明显的进步；以前不愿意多写一个字的作文，现在被当作了范文。我们相信明明还会有更多的变化。

对待孩子，就好比对待一辆小汽车，家长不用生拉硬拽，要想办法启动孩子的"发动机"，让孩子自己跑起来，家长只需要及时地为孩子补充能量。孩子自动奔跑起来所爆发出来的勇气和创造力，不是家长"逼"出来的。

孩子不是机器人，不会一直状态稳定。当孩子的坏行为出现反复的时候，家长不能一着急，就使用错误的旧方法。家长不妨停下来，多花点儿时间关注一下：孩子到底怎么了？孩子要不要休息一会儿？孩子需要帮助吗？如果孩子的情绪特别激动，家长就先帮助孩子平复情绪。

第七周，确定微习惯，提高作业的完成质量

明明在学校听课时还是不太专注。本周，明明确定了 3 个微习惯：每天举手发言 3 次；每天听写 5 个词语；每天做 10 道口算题，确保做对 8 道以上。

本周，明明将番茄钟时长定为"15+5"。妈妈对明明越来越有耐心了，能不厌其烦地给明明讲题了。妈妈说："本周，明明每天主动学习，坚持早睡早起，我省心多了。"明明在处理情绪上还是有些小问题。本周六，明明和小伙伴一起出去玩。鹏鹏送给明明一瓶饮料，明明很开心地接过去。爸爸让明明说谢谢，明明不肯说，还朝着爸爸发脾气。爸爸一方面觉得明明不可理喻，另一方面觉得自己丢了面子，立即夺过明明手里的饮料并还给了鹏鹏。两个孩子都愣住了，明明接着就大哭起来。

在本周的家庭会议上，全家人共同讨论了家庭公约，每个人都发表了自己的意见，着重强调了一条——不发脾气，好好说话。

每天上课举手 3 次，这是一个比较容易完成的任务，能促使明明在课堂上认真听讲。孩子们通常不会在举 3 次手之后就真的不再举手了。老师

的鼓励会让孩子获得成就感和满足感，这些良性的反馈会让孩子继续举手发言。

妈妈对明明越来越有耐心，这确实是一件好事情。爸爸处理问题的方式太过简单、粗暴。鹏鹏送饮料给明明，这是两个孩子之间的事情，爸爸可以提醒明明道谢，但不能强迫明明道谢。爸爸看似在教明明懂礼貌，自己却很没礼貌地让场面陷入尴尬。如果爸爸先代明明道谢，私下里再对明明进行教导，就不会破坏气氛。

在孩子成长的过程中，家庭公约能给孩子安全感，培养孩子的规则意识，提升孩子的专注力。家庭公约不是琐碎的规则，它是行为的边界和底线，每个家庭成员都要遵守家庭公约，爸爸妈妈要为孩子做好榜样。

第八周，制订学习计划，稳步提升学业成绩

明明可以尝试制订内容较为简单的学习计划。明明希望在期末考试中，数学和语文都能考 A。明明最近迷上了打乒乓球，他希望在这学期结束前能够连续接 10 个球。

明明最近有一些懈怠。爸爸妈妈和明明一起设计了好玩的打卡游戏，增加训练的乐趣。本周，明明将番茄钟的时长调整为"20+5"。

本周，明明开始在课堂上约束自己的行为，虽然他有时还会插嘴、做小动作，但他能很快意识到，并立即停止自己的行为。明明的时间观念更强了。以前都是爸爸妈妈催明明快点出门，现在反过来了，都是明明催爸爸妈妈快点出门。明明和妈妈争执的次数越来越少了。

明明能够心平气和地说出自己的想法了。周六的作业有点多，再加上明明做作业的速度不算快，他直到吃午饭时还没做完作业。周六下午，明明还要上画画课，参加篮球测试。爸爸有些着急，一边火急火燎地催促明明，一边数落明明。明明没有像往常一样生闷气，也没有朝着爸爸吼，而是平静地对爸爸说："爸爸，你刚才吼我了，我很难过，没有写完作业，

我自己也很着急啊！"爸爸很惊讶，因为这是明明第一次平静且清晰地说出自己的感受。爸爸立即冷静下来，语气柔和地问明明："那你现在怎么办呢？"明明很认真地想了想说："我不去上下午的画画课了，我赶紧将作业写完，再准备下午的篮球测试。"爸爸更加吃惊了，画画是明明最喜欢上的课，现在却主动放弃了。明明很有主见地说出了自己的想法，还把事情的先后次序分得很清楚。爸爸很感慨，不是孩子做得不好，而是以前的方法错了。明明好像突然一下子长大了。

每一个孩子都是好孩子，每一个孩子都可以很乖。如果家长养孩子越来越累，那多半是家教方法错了。选择正确的方向，选对家教方法，家长可以在育儿的路上享受一路的好风景。明明在期末考试中，语文和数学都考了 A，完成了自己定的小目标。

后来，我们得知：明明的爸爸现在工作繁忙，平时很少在家，他对明明现在的学习状态很满意，他只要有时间就陪伴明明。妈妈每天晚上陪着明明学习，母子俩配合默契，妈妈不用一直守在明明旁边，明明可以独立、专注地写作业。明明将会做的题做完之后，再让妈妈给自己讲解不会做的题。妈妈说，放手的感觉真好。明明发脾气的次数少了很多。明明一家仍然坚持每周开一次家庭会议，共同讨论家庭事务，每个家庭成员轮流主持，家庭氛围温馨、和谐。

第七节
学习不自觉的小刚变得爱学习了

这是一次线上辅导，因为小刚一家远在外地，无法过来参加我们的线下课程，我们通过网络开启了这次的亲子成长之旅。小刚的爸爸妈妈都十分用心，每周认真地完成作业，小刚的变化也是非常明显的。

小刚，男生，11 岁，上小学六年级。

小刚妈妈讲述：小刚的学习主动性不强，做事情很毛躁，不细致，要么计算出错，要么审题不清，要么掉题、漏题；遇到难题时不肯独自思考；考试考得不好时，不知道反省自己；事先约定好的任务，完成起来就大打折扣；坚决不愿意做家长布置的额外作业；情绪管理的能力弱。总的来说，小刚基本没有学习的内驱力。以前小刚的学习成绩在班上拔尖，现在他的学习成绩只能勉强是中等水平。

我现在有些焦虑和着急，感到很无助。我担心小刚以后的学习成绩会越来越差，小刚也会越来越不自信。我认为读书、学习是一辈子的事。小刚没有学习的主动性，没有学习的内驱力，学习很吃力。

对待小刚，我没有做到 100% 的信任和尊重。小刚爸爸比我的心态平和一些，没有那么看重孩子的学习，更关注孩子的生理需求，比如吃饭、穿衣之类的。

我希望通过此次学习，缓解自己的焦虑，帮助孩子树立自信心，激发孩子学习的主动性。

一、原因分析

小刚之所以学习不自觉，主要是因为妈妈的焦虑和控制，没有给孩子充分的自主空间。如果家长希望孩子自觉，就先要给孩子自由。当然，这里的"自由"并不是指孩子可以随心所欲地做任何事情。家长要给孩子尝试、选择、犯错和自我修正的空间。在宽松、接纳、包容的环境中，孩子会主动反思、修正和完善自己。但是焦虑型的妈妈很难给孩子成长的空间和机会，会不由自主地控制孩子，希望孩子乖乖地听自己的话，希望孩子的行为符合自己的要求。妈妈的控制欲像绳索一样把小刚牢牢地捆绑起来，让小刚变得消极被动、叛逆暴躁、说话不算话。小刚的自觉性和自控力都没有得到发展的机会。

小刚讨厌学习，他在学习中得到的都是不愉快的体验——强迫、打击、猜疑等。妈妈焦虑的情绪也在不知不觉中传染给小刚，给小刚增添了很多的痛苦。

焦虑的情绪就像墨镜一样让人眼前的世界变得灰暗。焦虑的妈妈只能看见孩子身上的缺点和不足，看不到孩子的努力和进步。小刚经常被否定和打击，无法树立自信心。

妈妈焦虑的本质是对孩子能力的不信任。妈妈觉得小刚的能力不行，不敢给小刚尝试和决断的机会。一个没有机会掌控自己的孩子，不可能学会自控；一个不被信任的孩子，也很难发展出自尊、自爱的品质。好在妈妈已经意识到了自己的错误，觉察就是最好的开始。妈妈可以通过学习改变自己。

二、共同成长

小刚因为远在外地，不能参加我们的线下课程。因此，小刚的爸爸妈妈不仅要学习教练必修课，认真完成每周的练习，还要教小刚使用各种时间管理工具。下文主要记录了小刚的爸爸妈妈学习和自我成长的过程，让我们一起看看吧。

第 1 次课，给孩子适宜的家庭土壤

我们要求负责孩子学习的家长每周按时交作业。由于小刚的学习主要是由妈妈负责，因此妈妈需要每周交作业。没想到每周爸爸也认认真真地完成了作业。爸爸在作业中表示，从前的自己没有耐心，没有细心地去观察孩子的兴趣、能力、性情，没有认真地去了解孩子的困难，没有换位思考，以后要管好自己的嘴，少唠叨，不说教，全心全意地爱孩子。

本周，妈妈的焦虑有所减轻，原因是小刚放暑假了，不用上学，不用考试。因为小刚的期末考试成绩不理想，妈妈焦虑了一段时间。放假之后，看到小刚每天按照计划完成作业，妈妈的心里踏实了一些。但是，妈妈又觉得小刚没有将许多重要的事情写进计划里。对于妈妈额外布置的作业，小刚喜欢挑简单的题做。由于我们要求妈妈先管好自己的嘴巴，因此妈妈也没有硬性要求小刚做出改变。

本周还发生了一件事情。妈妈下班回家之后，小刚告诉妈妈："我已经默写完了英语单词。"妈妈觉得小刚的话不可信，认为小刚肯定是将单词抄到本子上面去的，要求小刚再默写一遍单词，小刚不同意。后来，妈妈秉承相信小刚的原则，就没有再继续要求小刚听写单词，但总觉得心里不踏实。

其实本周小刚的表现有很多亮点，家长要学会用"放大镜"去发现。每一个亮点都是提高孩子学习积极性的重要转机。

第一个亮点：坚持按计划完成作业。一个孩子，能够每天认真执行假期计划，这其实是一件非常了不起的事情。如果家长能够及时地肯定和鼓励小刚，小刚就会更有学习的主动性。至于计划的内容，那是小刚的事情，

应该由小刚自己来决定每天做多少，做些什么……家长可以给小刚建议，但不能强迫小刚接受。睿智的家长不会直接告诉孩子"你需要什么"，或者要求孩子必须完成什么目标，而是帮助孩子树立自信心，让孩子主动提高对自己的要求。

第二个亮点：每天坚持做额外的练习。不是每个孩子都乐意做家长额外布置的作业。小刚虽然专挑简单的题做，但是一直都在坚持做。妈妈不能太贪心了。当然，我们并不赞同用刷题的方法来提高孩子的学习成绩。我们一直建议家长寻找能够提高孩子学习效率的方法。

第三个亮点：小刚在妈妈下班前完成了默写。小刚希望得到妈妈的肯定，可是妈妈要求小刚再默写一遍，给小刚泼了一盆凉水，意味着妈妈对小刚的不信任。"信任"有着奇妙的力量。家长无条件地信任孩子，肯定孩子的努力，孩子的心灵就会被滋养，孩子会主动追求更高的目标。即使有时候孩子因为一念之差动了一点"小心思"，也会自动修正自己的行为。家长不用像侦探一样去甄别孩子话语、行动的真假，单纯地相信就好了，这不是傻，这是养孩子应该具备的智慧。

从下周开始，爸爸妈妈需要每天给小刚写"加油站"。小刚的健康成长离不开家长的肯定和鼓励。家长需要逐渐转变思维习惯，改"盯毛病"为"盯亮点"。如果家长每天带着小任务，就会更加留意孩子的好行为。

第2次课 好习惯这样养才会有效果

爸爸妈妈在本周都遇到了一些难题。

当小刚不愿意做作业或者发脾气时，爸爸不知道该怎么应对，大多数情况下采取了冷处理，有时实在忍不住了就会朝小刚发火。有一次，小刚参加户外活动，老师要求集合排队，可小刚还在一边玩。爸爸就喊小刚过来，要求小刚遵守纪律，结果小刚对爸爸出言不逊。面对这种情况，爸爸是应该及时批评小刚，还是等到回家之后再和小刚谈论此事呢？

爸爸所采取的沟通方式过于简单、粗暴了。训斥、打骂等做法都是对孩子的控制，孩子本能的反应就是反抗。爸爸没有留给小刚反思的空间，反而将小刚的注意力由事件本身转移到了对抗爸爸上。经常被打击的孩子，内心弱小无力，没有勇气和力量来主动承认错误。

家长需要时间来学习和成长，不可能瞬间就领悟所有的要点，不必着急，每周完成一个小目标，一步一步地来。如果家长不知道该怎样跟孩子说，可以选择沉默。如果孩子的行为影响到他人或者危及自身生命安全，家长就要及时地制止孩子。家长的不说比乱说更有利于孩子成长。

小刚在户外活动时没有按照老师的要求排队，爸爸可以平静地将小刚带到队伍中来，不要当着大家的面批评小刚，不要让小刚难堪。如果家长希望孩子有自尊心，就不要伤害孩子的自尊心。没有指责，自然就没有出言不逊。待小刚回到家之后，爸爸应该用平和的语气描述这件事情，指出小刚的错误，表达自己的感受和期待，讨论下一次该如何避免类似事情的发生。这样做才是真的帮助孩子成长。

本周妈妈给自己定了三个小目标：

（1）相信孩子。对于这一点，我做得还不够。目前，我还没有完全相信孩子，我需要时刻提醒自己。

（2）减少唠叨。唠叨基本对孩子没用，纯粹是为了满足自己的心理需求。

（3）减少包办。学会慢慢放手，让孩子做自己能做的事，这也是相信孩子的一种表现。

妈妈很努力地克制自己控制小刚的欲望，即使觉得小刚的计划不合理，也没有要求小刚改变自己的计划。小刚每天坚持完成自己的计划，获得了一些成就感，他对妈妈说："妈妈，我觉得这周做了好多事，我写完了一本语文作业和一本数学作业。"

妈妈说："恭喜你啊！为什么你会有这么高的效率呢？"

小刚说："因为我每天都按照计划完成作业呀！"

小刚每天计划 21:45 上床睡觉，但是基本没有落实过，要么因为作业耽误了睡觉，要么因为和同学聚会耽误了睡觉，要么因为吃消夜耽误了睡觉。面对这种情况，家长应该怎么办呢？

本周小刚和妈妈发生了一次亲子冲突。每天下午小刚都要参加篮球训练。周四，小刚打了半个小时篮球之后给妈妈打电话，说特别热，不想打了，要妈妈接他回家。妈妈认同了小刚的感受，但是没有去接小刚。妈妈认为小刚是因为想和表弟一起玩，所以不想打篮球。

周五，吃完午饭，小刚又跟妈妈说："天气太热了，我坚决不去打篮球，而且我已经学会了打球的基本功，不用再练了。"妈妈不同意，认为小刚不能因为一点点困难就退缩，便对小刚说："既然你自己决定打篮球，就要坚持到底。再说你已经掌握了基本功，要多练习才能更熟练啊！"小刚不认同妈妈的说法，语气强硬地对妈妈说："你就算送我去，我也不进门。"最后，妈妈妥协了，没有送小刚去上篮球课，双方都因此感到不愉快。

约定的睡觉时间是 21:45，但小刚却没有遵守过约定，这说明约定的睡觉时间对孩子来说不合理。有时候，孩子会为了迎合家长而主动说出一个理想的时间，但实际上孩子很难做到。妈妈要和小刚一起重新约定一个合理的睡觉时间。

至于篮球课，家长要积极地想办法提高小刚对篮球的兴趣，可以请老师多给小刚一些鼓励，或者陪着小刚一起打球，等等。如果小刚还是不想打篮球，那就让小刚认真考虑几天后再做决定。

如果妈妈不知道该怎么跟小刚说，就选择沉默，或者将选择权交给小刚。妈妈现阶段学习的重点是管好自己的情绪和嘴巴。

第 3 次课 积极沟通，提高孩子学习的积极性

本次课后，爸爸的反省：身为家长，要时时刻刻规范自己的言行，呵斥、打骂孩子会让孩子的心灵受到伤害。如果家长很生孩子的气，可以先远离孩子，等自己的情绪恢复平静之后，再来处理孩子的问题。

每一次积极沟通之后，孩子的心就会离家长更近一些。如果家长一直坚持做正确的事情，就一定会重新见到那个柔软可爱的孩子。

本次课后，妈妈觉得自己在尊重孩子、解读孩子的行为、体会孩子的感受等方面做得不够，还有待提高。妈妈在信任孩子方面有了很大的进步。小刚现在发脾气的次数少多了，开始主动地表达自己的想法，提高了学习的主动性。

本周发生了一件事情，妈妈虽然很生气，但是忍住没有批评小刚。

事情是这样的：小刚自己保管平板电脑，妈妈和小刚已经约定好平时只用平板电脑学英语。可是周五的时候，妈妈打开平板电脑，发现屏幕上显示着玄幻小说的页面。很明显，小刚在偷偷地用平板电脑看小说。如果这件事发生在以前，妈妈就会将平板电脑收起来，不再让小刚保管平板电脑。这一次妈妈有些犹豫，是直接不让小刚保管平板电脑呢，还是找小刚谈谈呢？

在这里，我们要表扬妈妈没有直接去找孩子的麻烦。我们要相信孩子，并不是相信孩子说的话、做的事都是真实的，而是相信孩子的天性是善良的、积极的。如果孩子真的撒谎了，那一定是迫于压力，可能他既想满足自己的好奇心，又不想挨家长的批评。了解到这一点后，妈妈就不会因为被欺骗而感到愤怒。妈妈可以先认真地了解一下这部小说，如果内容健康，时间允许，孩子高质量地完成了作业，就可以让孩子读一会儿小说。

妈妈查阅了资料，发现这部小说的内容涉及黄色和暴力，并不适合孩子阅读。

此时，妈妈可以坦诚地跟小刚谈谈，用平和的语气对小刚说："我看到平板电脑上有打开的玄幻小说的页面，你是不是看过了？"妈妈可能会得到两种答复：承认或者否认。

如果小刚承认看了，那么妈妈先肯定小刚热爱阅读，然后心平气和地将自己了解到的情况告诉小刚，并表达出自己的担心，希望小刚以后别再读这部小说了。同时，妈妈可以给小刚推荐并购买几本优质的小说。家长让孩子抛弃"垃圾食品"的同时，也要给孩子提供"优质的营养品"。

如果小刚否认了这件事情，千万别强硬地戳穿小刚。这说明小刚还没有准备好跟妈妈坦白，害怕受到妈妈的批评。可能小刚自己也知道这部小说的内容不健康，他不好意思承认。无论如何，家长都要相信孩子，保护孩子的自尊心。

小刚果然没有承认，妈妈也没有当场揭穿他，而是给他购买了几本优质的小说。此后，小刚不仅主动调整了作业计划，还主动帮妈妈分担家务，外出研学回家时还给爸爸妈妈购买了小礼物。

第 4 次课 正确地鼓励孩子，恢复孩子的内驱力

在本周的学习中，爸爸妈妈弄明白了表扬和鼓励的区别，更清楚地认识到每天为小刚写"加油站"的意义。

爸爸的反馈：以前我经常批评小刚，很少肯定他，即使是肯定他，也多半是表扬他。通过这次学习，我知道了鼓励是指鼓劲、支持，是对努力的认可，鼓励针对的是过程和态度，而表扬针对的是结果。以后我要多鼓励小刚。家长的鼓励不仅可以帮助孩子在失败以后重新树立自信心，还能让孩子勇敢地面对未来的挑战。

妈妈的反馈：在孩子小的时候，我经常对孩子说"宝贝，你好棒！"。通过学习本次的课程，我更加明白了鼓励和表扬的实质。鼓励侧重于做事情的过程，表扬侧重于结果。鼓励可以让人产生内驱力，而表扬则让人不

断地寻求外在的评价。

这一周小刚家风平浪静。妈妈有时候会因为快开学了，小刚的暑假作业还没有完成，唠叨几句。但相比从前，妈妈唠叨的次数少多了。小刚会在吃饭的时候为爸爸妈妈夹菜，会在出门的时候帮妈妈提重东西，会提醒妈妈爬楼梯要小心。小刚家的家庭氛围由原来的紧张压抑转变为轻松温暖，家人之间多了一些关爱、体贴的味道。至于暑假作业，那是小刚自己的事情，妈妈需要克制住自己想要干涉小刚的冲动，不要越界，给小刚留出独立自主的机会和空间。家长可以给孩子建议，但不能强迫孩子听从自己的建议。孩子需要在自然后果中吸取经验和教训，完成自我教育，最终长大成熟。

第 5 次课 用游戏增添乐趣，让训练事半功倍

在训练孩子的过程中，家长可以加入一些游戏环节，既能增添乐趣，又能让训练事半功倍。

爸爸的反馈：我想用游戏帮助孩子改变学习习惯，让孩子完成口算、英文打卡等课外作业。

妈妈的反馈：我想用游戏帮助孩子养成整理床铺和跳绳的习惯。

我们建议爸爸妈妈和孩子商量一下，听听孩子自己的意见。

爸爸妈妈和小刚一起商量确定了三个小目标：

（1）提高做题的正确率。

（2）学会情绪管理，不随便乱发脾气。

（3）确保在 30 分钟之内吃完晚餐。

本周，小刚赶在开学之前完成了全部的暑假作业。可是妈妈一想到小刚的弱势学科，就感到压力倍增，开始焦虑，她自己也知道这样不好，但就是控制不了自己。

我们很理解妈妈此刻的心情，也建议妈妈接纳自己目前的状态，别自责，因为为人父母担忧孩子，是人之常情。妈妈可以认真地思考以下三个

问题："这一切真的会发生吗？现在的小刚和以前的小刚还是一模一样的吗？我该做哪些事情来预防不利的事情发生，以便减轻此刻的焦虑呢？"

我们建议妈妈多运动，多做自己喜欢的事情，尽情地释放自己的情绪，分散一下注意力，别把目光都集中在小刚身上。焦虑会放大眼前的困难。妈妈在感到焦虑的时候，先不要盲目行动，先用适合的方式给自己减压。妈妈在调整好自己的情绪之后，决定和小刚一起来制作新学期的时间图和学习计划表。小刚每天严格执行时间图和学习计划表，每天坚持认真练字，还得到了老师的表扬。

周四的时候，小刚没有在约定的时间内完成作业，妈妈并没有像以前那样收走他的作业。因为那天小刚一回到家就主动写作业，并没有耽误时间。小刚没有在约定的时间内完成作业，主要有两个原因：一是为了追求文字工整和做题的准确率，降低了做作业的速度；二是当天的作业有点儿多。

妈妈在主动理解和体贴孩子，并且看到了孩子努力的过程。妈妈兴奋地说："孩子不仅很努力，还对自己提出了更高的要求。"我们和孩子约定完成作业的截止时间，是为了促进孩子合理地安排时间，高效地完成作业。这个目的显然已经达到了。小刚主动写作业，并没有耽误时间，各种客观原因导致了小刚延迟完成作业。面对这种情况时，家长需要酌情处理，不能过于死板，否则就会破坏孩子学习的积极性。

第6次课 开好家庭会议

本周，为进一步营造积极、民主的家庭氛围，小刚家开了一次家庭会议。

爸爸计划在会上讨论以下内容：

（1）家庭成员的作息时间。

（2）家庭成员可以为家庭做哪些事情？

（3）在生活、工作、学习中发现了哪些美好的事？

（4）针对小刚在公共场所大喊大叫的问题，号召家庭成员一起讨论解决的办法。

妈妈计划在会上讨论以下内容：

（1）有关写作业的时间控制问题；

（2）有关早上起床的时间约定；

（3）有关周末自由活动时间的安排；

（4）有关家务活的分配问题。

爸爸妈妈各自列出了计划在会上讨论的内容。我们需要提醒爸爸妈妈注意，家庭会议是用来解决问题和增进感情的，切忌将家庭会议变成批斗孩子的大会。最后，可以用一个全家人共同参与的小活动来结束当天的家庭会议。

周一晚上，小刚给了爸爸妈妈一个不小的惊喜。那天，爸爸妈妈回到家已经是晚上7点多了，一进家门，饭菜的香味就扑面而来。小刚居然独自将饭菜做好了。爸爸妈妈对小刚赞不绝口，连连说："很好吃，很美味！谢谢你，儿子！我们非常开心！"

小刚的学习主动性也越来越强，放学回家后立刻写作业，在学校里也会挤出时间写作业。小刚将情绪管理得不错，在家发脾气的次数明显减少了。

很多时候，家长无法改变孩子身处的社会环境。但是，家长可以通过不断地学习，更新自己的教育观念，为孩子营造一个可供疗伤和避风的港湾。

第7次课 制订家庭公约，守护孩子成长

在本次课之后，爸爸妈妈和小刚一起制订了家庭公约，准备试行一周。

家庭公约

（1）早上起床后相互问好，各自整理自己的床铺，外出上班或上学前要和家人说再见。

（2）遵守不同场合的规则。

（3）每周进行一次大扫除，爸爸负责客厅和卧室，妈妈负责厨房和卫生间，小刚负责自己的卧室和书房。

（4）要讲文明话，做文明事。

（5）遵守餐桌礼仪，专心用餐。

（6）在家庭之外发生分歧时，尽量回家之后协商解决，必须现场解决或意见不统一时，孩子先接受家长的意见。

（7）管理好自己的情绪，用正确的方式发泄自己的情绪。

违反家庭公约的后果

（1）在小区里跑大圈。

（2）在游泳池游泳。

（3）跳绳。

（4）做仰卧起坐。

（5）站军姿20分钟。

（6）抄写"不以规矩，不能成方圆"20遍，字迹要工整。

（7）一旦违反家庭公约，就要选以上的任意一项接受惩罚。

家庭公约能给孩子带来身体和心灵上的双重安全感。但是一定要在亲子关系改善之后，再通过家庭会议来制订家庭公约。否则，在冰冷的家庭氛围中，家庭公约就会变成压制孩子的手段，引发激烈的亲子冲突。而违反公约后的惩罚措施会使家庭氛围变得更加紧张、压抑。家长一定要注意，惩罚的目的不是给孩子带来报复性的伤害，而是帮助孩子改正错误。爸爸妈妈要以身作则，遵守家庭公约，一旦违反了家庭公约就要接受惩罚。

老师向妈妈反映小刚最近特别顽皮，在上课的时候经常插嘴，还讲一些不着调的笑话，引得其他同学哈哈大笑。老师认为小刚破坏了课堂秩序，让妈妈好好地管管小刚。

遵守课堂规则是基本底线，家长需要平和冷静地告知小刚。家长可以对小刚说："你违反了家庭公约的第二条——遵守不同场合的规则。养不教，父之过。这一次就由我们来承担你违反家庭公约的后果。"接受完惩罚之后，家长可以问问小刚在听课方面遇到了哪些困难。小刚表示自己会努力减少上课插嘴的次数。

第 8 次课　正确地对待反复犯错的孩子

孩子在成长的过程中犯错是正常的现象。焦虑和烦躁都解决不了孩子的问题，家长不如冷静地想一想该如何帮助孩子。如果孩子反复犯错，又不能任其体验自然后果，家长就要和孩子商定后果，双方签字确认。如果孩子再出现类似的状况，家长就要平静温和地让孩子承担约定的后果。

小刚在国庆假期合理地安排自己的学习，每天晚上制订第二天的计划，并且落实到位。只是，小刚的语文、英语的单元考试成绩不理想。小刚虽然对自己的考试成绩不满意，但就是嘴上说说，并没有采取实际措施。每当这个时候，妈妈就感觉自己有点儿不淡定了。

在训练的过程中，最容易让家长失去耐心并乱了阵脚的，是孩子学科成绩的波动。孩子的学科成绩就像一根神秘的操纵杆，能让家长渐渐松开的双手迅速握紧。孩子的学习成绩下滑，很容易让一些家长断定：训练的效果不好，光靠孩子自己搞不好学习。

孩子从被家长管理到学会自我管理，逐渐建立新的秩序，需要一个长期的过程。这就好比道路翻新改造，如果我们不能忍受改造过程中的混乱不堪、尘土飞扬，就只能维持现状。孩子在学习自我管理的过程中的确可能会出现忘记写作业、学习成绩下降等情况。如果家长就此收回孩子的"权限"，重新接管孩子的学习，那么孩子就永远都不可能学会自我管理。而且，家长的严格管控并不会让孩子获得真正的自信。家长要能够看到孩子进步的地方和闪光点，经常肯定和鼓励孩子，不能因为孩子没考好，就打击孩子。

当孩子的学习出现问题时，家长不要急着告诉孩子应该怎样做，而应该心平气和地引导孩子思考如何解决问题。

妈妈先肯定了小刚这段时间的进步，然后询问小刚解决问题的办法。妈妈一方面觉得小刚想的办法挺好，肯定了小刚，另一方面又在心里犯嘀咕：小刚以前经常在执行的过程中大打折扣，这次会不会又是这样的呢？如果小刚没有执行到位，要不要提醒小刚？

家长要学会用动态和成长的眼光看待孩子。孩子已经不是从前的那个孩子了。家长不妨放下心中的预判，和孩子一起"逢山开路，遇水搭桥"。家长不应该脱离孩子来解决孩子的问题，可以直接询问孩子是否需要帮助。

课程到此就结束了，而小刚家的蜕变之旅才刚刚开始。每个家庭成员都变得更加理解和包容他人，学会了如何解决纠纷，化解矛盾，家庭氛围越来越和谐、温馨。

参考书目

《精力管理》（中国青年出版社）

《博恩·崔西的时间管理课》（机械工业出版社）

《奇特的一生》（北京联合出版公司）

《亲子关系全面技巧》（现代出版社）

《父母效能训练手册：让你和孩子更贴心》（天津社会科学院出版社）

《非暴力沟通》（华夏出版社）

《如何说孩子才会听，怎样听孩子才肯说》（吉林文史出版社）

《家庭美德指南》（中国言实出版社）

《微习惯：简单到不可能失败的自我管理法则》（江西人民出版社）

《奖励出好孩子》（重庆大学出版社）

《自控力：斯坦福大学广受欢迎的心理学课程》（北京联合出版公司）

《儿童心理学》（人民教育出版社）

《番茄工作法图解：简单易行的时间管理方法》（人民邮电出版社）

《怦然心动的人生整理魔法》（湖南文艺出版社）

《习惯的力量》（当代中国出版社）

《为孩子立界线》（海天出版社）

《心理营养：林文采博士的亲子教育课》（上海社会科学院出版社）

《自控力成就孩子一生：儿童行为问题管理手册》（机械工业出版社）

《教出乐观的孩子：让孩子受用一生的幸福经典》（北京联合出版公司）

《给教师的建议》（长江文艺出版社）

《爱、金钱和孩子》（格致出版社）

《孩子的大脑：智商与情商的真相》（北京科学技术出版社）

《高效能人士的七个习惯》（中国青年出版社）

《自驱型成长：如何科学有效地培养孩子的自律》（机械工业出版社）

《教育学》（人民教育出版社）

《教育心理学》（人民教育出版社）

《欲罢不能：刷屏时代如何摆脱行为上瘾》（机械工业出版社）